Michael Haberlandt

Zur Geschichte des Pañcatantra

Michael Haberlandt

Zur Geschichte des Pañcatantra

ISBN/EAN: 9783743625792

Hergestellt in Europa, USA, Kanada, Australien, Japan

Cover: Foto ©ninafisch / pixelio.de

Weitere Bücher finden Sie auf **www.hansebooks.com**

ZUR GESCHICHTE

DES

PAÑCATANTRA.

VON

DR. MICHAEL HABERLANDT.

I.

TEXT DER SÜDLICHEN RECENSION.

WIEN, 1884.

IN COMMISSION BEI CARL GEROLD'S SOHN

BUCHHÄNDLER DER KAIS. AKADEMIE DER WISSENSCHAFTEN.

Theodor Benfey hat in seinem 1859 erschienenen bahnbrechenden Werke über die Geschichte des Pañcatantra eine Reihe von Hypothesen rücksichtlich der Geschichte dieses culturhistorisch so überaus wichtigen Buches auf indischem Boden aufgestellt, welche nach dem damaligen Stande der indischen Literaturforschung wohlgestützt auftraten und ihre Geltung bis auf die letzten Jahre behaupteten. Es ist aber nun inzwischen wichtiges neues Material bekannt geworden, das zu einer erneuten Prüfung der Pañcatantrafrage und insbesondere der Benfey'schen Aufstellungen hierin nicht nur berechtigt, sondern geradezu auffordert. Es ist vor Allem jene von Benfey nur in ihren Reflexen, nämlich in Somadeva's Auszug Kathâsaritsâgara Tar. 60—64, und der Bearbeitung Dubois': ,Le Pañcatantra ou les cinq ruses' gekannte südindische, kurz als südlich bezeichnete Recension handschriftlich aufgetaucht; und es ist sodann Kṣemendra's Bṛhatkathâ mit ihrem Pañcatantra-Auszuge, welche wie Somadeva', Kathâsarits. auf eine Prâkṛtquelle des zweiten Jahrhunderts zurückgeht, zugänglich geworden. Beide Hilfsmittel sind geeignet, die Pañcatantrafrage in ein ganz neues Stadium treten zu lassen; auf ihnen basirt die nachfolgende Untersuchung, welche sich in ihrer Richtung wesentlich an G. Bühler's Anregungen (Indian Antiquary, Bd. I, p. 302 bis 309, und Detailed Report of a Tour in Search of Sanskrit Mss. made in Kasmir, Rajputana and Central India, Bombay 1877, p. 47) anschliesst.

Den ersten, vorliegenden Theil meiner Untersuchung bildet die Publication des bisher noch nicht edirten Textes der südlichen Sanscritrecension des Pañcatantra, welche von der nördlichen in höchst bemerkenswerther Weise abweicht und vor Allem durch den weitaus bescheideneren Umfang auffällt. Mit ihrer Bekanntmachung gewinne ich nicht blos die Basis für den literarhistorischen Theil meiner Arbeit, sondern wird auch einem längst empfundenen Desiderium der Pañcatantraforschung überhaupt Erfüllung.

Zur Constituirung des Textes der südlichen Recension hatte ich folgende Behelfe:

1. Ein Devanâgarî-Manuscript, im Besitz des Herrn Prof. Dr. G. Bühler, der es mir gütigst zur Benützung überliess. Es ist eine moderne, in Bombay angefertigte Copie, ohne bedeutendere Lücken, dagegen mit ziemlich vielen kleineren Schreibfehlern. Ich bezeichne es mit D.

2. Ein Sanskrit-Manuscript in Granthaschrift, aus der Bibliothek des Ostindischen Hauses in London, das ich durch gütige Vermittlung Herrn Prof. Bühler's zur Benützung ausgefolgt erhielt. Es ist sehr correct auf Palmblättern geschrieben, leider aber am Rande und sonst an zahlreichen Stellen durch Insectenfrass beschädigt. Eine grössere Lücke hat es im dritten Buche, wo circa vier Seiten des Textes fehlen. Ich bezeichne es mit G.

Diese beiden Manuscripte bieten wesentlich denselben Text, doch zeigt D im Allgemeinen Neigung zu abbreviirter, G zu ausgeführterer, lebhafterer Darstellung. Wie es bei einem in einfacher Prosa geschriebenen Werke nicht anders zu erwarten, weichen sie sehr häufig in einzelnen Wendungen, Ausdrücken, Partikeln u. dgl. m. von einander ab. Die Verse sind in beiden Manuscripten bis auf wenige Fälle, wo D im Nachtheil, übereinstimmend vorhanden.

Mein Verfahren bei der Aufnahme der einzelnen Lesarten in den Text war ein eklektisches, indem ich mich in jedem bestimmten Falle an die besser in den Zusammenhang passende hielt, Rücksichten auf die Gleichmässigkeit des Styls der Recension selbst und auf Correctheit des Sanskritausdruckes überhaupt walten liess, kurzum mich bemühte, einen möglichst lesbaren und von handschriftlichen Verunreinigungen befreiten

Text herzustellen. Für allfällige Verstösse in dieser Hinsicht, die mir wohl unterlaufen sein mögen, bitte ich, wie Jedermann im gleichen Falle muss, um Nachsicht. Durch genaue Führung kritischer Noten ist mein Verfahren überall der Controle unterstellt. Offenbare Schreibfehler habe ich stillschweigend corrigirt, den sandhi überall durchgeführt, ohne selbstverständlich die zahlreichen Fälle alle anzumerken. Zu den Versen habe ich durchgehends die Spruchsammlung von O. Boehtlingk verglichen und an nicht wenigen Stellen neue, bisher noch nirgends gebotene Varianten beobachtet. — Die Transscription ist die von Whitney in seiner Ind. Gr. angewendete.

Dem Texte habe ich eine Uebersicht des Inhaltes nachgeschickt, um sofort die sehr andere Gestaltung dieser südlichen Recension im Vergleiche zu der bekannten nördlichen überblicken zu können.

çrîgurubhyo namaḥ |

mânave vâcaspataye çukrâya parâçarâya sasutâya |
câṇakyâya ca viduṣe namo 'stu nṛpanîtiçâstrakartṛbhyaḥ 1
granthavistârabhîrûṇâṁ bâlânâm alpacetasâṁ |
bodhâya pañcatantryâkhyam idaṁ saṁgṛhya kathyate || 2
anyadîyo 'pi likhitaḥ çloko 'yaṁ prakramâgataḥ |
svalpatvâd granthavistâro doṣas tena na jâyate || 3

asti sakaladevatâdhiṣṭhânaṁ nikhilavidvajjanâvâsaṁ pâṭalîpuraṁ nâma nagaram | tatra ca sakalaguṇopetaḥ sudarçano nâma râjâsît | sa câtmiyaputrâṇâm anadhigatanîtiçâstrâṇâm anuṣṭhânânupayogitvenodvignamanâç cintayâm âsa | kim iti |

yauvanaṁ dhanasaṁpattiḥ prabhutvam avivekatâ |
ekaikam apy anarthâya kimu yatra catuṣṭayam || 4

uktaṁ ca |

ko 'rtho putreṇa jâtena yo na vidvân na dhârmikaḥ |
bandhyagavâ kiṁ kriyate yâ na dogdhrî na garbhiṇî || 5

---

2 G. st. mânave: gurave — G. st. sasu°: ca su° 4 G. saṁkṣipya für saṁgṛhya 6 G. alpa° st. svalpa° 12 D. asti devatâdhiṣṭhânam pâ° nâma na° 8 sakalagu° fehlt in D. 10 D. °nupayogeno° 15 D. bandhyâ gauḥ kriyate kena na dogdhrî na ca garbhiṇî. ||

ko 'rtho 'sti bahubhiḥ putrair gaṇanâpûraṇâtmakaiḥ |
varam ekaḥ kulâlambo yatra viçramate kulam || 6
varaṁ garbhasravo varam ṛtuṣu naivâbhigamanam |
varaṁ jâtapreto varam api ca kanyaiva janitâ || 7
varaṁ bandhyâ bhâryâ varaṁ garbhavâse nivasanam |
na câvidvân rûpadravyabalayukto 'pi tanayaḥ || 8
puṇyena samyag anuçiṣṭam udâracittam |
anveti ko 'py ubhayalokahitâya sûtam |
daivât tu naiva labhate kathaṁcit |
sa hy âmayas sa hi viṣaṁ sa kulasya hantâ || 9
ataḥ ko mama putrâṇâṁ nityam unmârgagâminâm
nîtiçâstropadeçena punar janma kariṣyati | 10

atrântare viṣṇuçarmâ nâma brâhmaṇaḥ sakalanîtiçâstratattvajño bṛhaspatir ivotthâya pratijñâtavân | deva yady ahaṁ ṣaṇmâsâbhyantareṇa tava putrân sakalanîtiçâstrapâraṁ gatân na karomi tato mâṁ tvaddeçâd apakrâmayitum arhati bhavân | tacchrutvâ prahṛṣṭamanâ râjâ bahumânapurassaraṁ tasmai viṣṇuçarmaṇe kumârân samarpitavân | tena pañcatantrâṇi parikalpya kathâdvâreṇa râjaputrân nîtiçâstraṁ grâhitum upakrântaḥ | kâni pañcatantrâṇi |

mitrabhedaḥ suhṛllâbhaḥ sandhivigraha eva ca |
labdhanâçam asaṁprekṣyakâritvaṁ pañcatantrakam || 11

---

tatra prathamaṁ mitrabheda ucyate | tasyâyam âdyaçlokaḥ |

vardhamâno mahân snehaḥ siṁhagovṛṣayor vane
piçunenâtilubdhena jambukena vinâçitaḥ || 1

râjaputrâ ûcuḥ | katham etat | viṣṇuçarmâha |

asti dakṣiṇapade mahilâropyaṁ nâma nagaram | tatra vardhamâno nâma mahân sârdhavâhaḥ prativasati sma | tasya ca prabhûte vitte 'py arthavṛddhiḥ karaṇîyeti matir âsît | uktaṁ ca

1 G. vor ko: kiṁ ca | — D. st. 'sti: hi 2 D. yadi caikaḥ kulâlambo 4 D. st. jâtapreto: bandhyâ bhâryâ 5 D. st. bandhyâ bhâryâ: jâtapreto 6 rûpa° fehlt in D. — st. °bala° hat D.: °guṇa° 7—10 Vers 9 fehlt in D. 11 D. vartinâm st. gâmi° 13 D. viṣṇuçarmanâmâ — D. nîtitattvajño. 21 G. tatra vor mitrabhedaḥ 22 D. labdhanâço 'py asaṁ° 27 G. für ûcuḥ: âhatuḥ — G. kathaṁ caitat und so auch weiterhin immer — G. so 'bravît 28 G. mahilârûpyaṁ.

alabdham îhed dharmeṇa labdhaṁ yatnena pâlayet |
pâlitaṁ vardhayen nityaṁ vṛddhaṁ pâtreṣu nikṣipet || 2

tatrâlabdham alabhamânasya na kiṁcid asti | arakṣitasya sadyo vinâçaḥ | avardhamânaṁ dhanaṁ kṣîyate | anupayujyamânam niṣprayojanam alabdhatulyam eva | tathâ ca |

upârjitânâm arthânâṁ tyâga eva hi rakṣaṇam |
taḍâgodarasaṁsthânâṁ parivâha ivâṁbhasâm || 3

iti vicintya vardhamâno 'nandakasaṁjîvakanâmânau mahântau vṛṣabhau dhuraṁ niyujya çakaṭasaṁvâhanaṁ nânâvidhadravyaparipûrṇaṁ gṛhîtvâ vâṇijyâya pracalitaḥ | tatra vane pathi çakaṭasyâtigurutvât saṁjîvako vṛṣabhaḥ bhagnajânur nipatitaḥ | atha sârdhavâhaḥ suciraṁ vicintya viṣaṇṇaḥ çakaṭasaṁvâhane 'nyaṁ vṛṣabhaṁ niyujya saṁjîvakarakṣaṇe pañca bhaṭân âjñâpya svayaṁ jagâma | rakṣakâ api bhîtyâ sthâtum açaktâs sarve gatvâlîkâṁ mṛtavârttâm akathayan | saṁjîvako 'py âyuḥçeṣeṇa tasmin vane svecchâhârâdilâbhât puṣṭâṅgo nadan âste | tasmiṁç ca vane mṛgâdhipaḥ piṅgalako nâma svavîryârjitarâjyasukham anubhavan âste | tathâ hi |

nâbhiṣeko na saṁskâraḥ siṁhasya kriyate vane |
vikramârjitasattvasya svayam eva mṛgendratâ || 4

sa kadâcit pipâsâkulita udakârthaṁ yamunâkacchaṁ avâtarat | tatra cânanubhûtapûrvaṁ pralayakâlaghanagarjitam iva saṁjîvakagarjitaṁ çrutvâ kiṁcic cakitamanâḥ svairam âlocya tûṣṇîṁ sthitaḥ | atrântare karaṭakadamanakanâmânâv asya mantriputrau jambukâv upatiṣṭhataḥ | tatra damanakaḥ karaṭakam âha | kim ayam asmâkaṁ prabhur udakârthî bhîtabhîta iva mandasaṁcaraḥ tiṣṭhati | karaṭakaḥ | kiṁ anena vyâpâreṇâsmâkam | uktaṁ ca

avyâpâreṣu vyâpâraṁ yo naraḥ kartum icchati
sa eva nidhanaṁ yâti kîlotpâṭîva vânaraḥ || 5

damanaka âha | katham etat | so 'bravît |

---

3 D. ârabhitasya für arakṣitasya 4 D. nâçaḥ für vinâ° 6 D. kâraṇam für rakṣaṇam 10 G. statt °paripû°: °saṁpû° 11 atha fehlt in D. 12 suciraṁ fehlt in D. 14 D.: tadâ te bhaṭâ araṇye sthâtum aça° gatvâlî° 15 D. âyuṣmân st. âyuḥçeṣ° 16 D. asmin st. tasm° — G. svecchâvihârâ° 17 ca fehlt in D. 18 tathâ hi fehlt in D 20 G. svata st. svayam 22 G. âkâlapra° — iva — °jitaṁ fehlt in D. 23 G. vor çru° abravît — G. vor kiṁ° ca — in D. fehlt svai° âlo° 24 G. vor atrâ°: kim idam ko 'treti 26 D. bhîta iva 27 karaṭaka fehlt in D. 28 G. anyadṛteṣu.

kathâ 1.

asti kasmiṁçcin nagaram | tannikaṭa ucchritadevâlayasamîpe sphuṭitârdhanihitakîlanivṛttastambhaḥ tiṣṭhati | tatropavanavâsî mahân vânarasamûha ita itaḥ svabhâvacâpalatvât krîḍan âgataḥ | tatra tv eko vânaraḥ kṛtântavaçam upagataḥ sthambha upaviçya sahajacâpalatayâ tatra randhre lambitavṛṣaṇaḥ san kenâyam asthâne samâropita iti kîlam âkṛṣṭavân | âkṛṣṭe ca kîle tadvṛṣaṇayugalanipîḍanâd dantân vikṛṣya pañcatvam upagata iti | ato 'haṁ bravîmi | avyâpâreṣv iti | âvayos tâvad bhakṣitaçeṣa âhâro 'sti | damanaka âha | katham âhârârthaṁ bhavân râjânaṁ sevate | âkarṇayatu bhavân |

suhṛdâm upakârakâraṇâd dviṣatâṁ câpy apakârakâraṇât |
nṛpasaṁçraya iṣyate budhair jatharaṁ ko na bibharti kevalam || 6
yasmin jîvati jîvanti bahavaḥ so 'tra jîvati |
bako 'pi kiṁ na kurute cañcvâ svodarapûraṇam || 7

api ca |

svalpasnâyu vasâvaçeṣamalinaṁ nirmâṅsam apy asthikam |
çvâ labdhvâ paritoṣam eti na ca tat tasya kṣudhâçântaye || 8
siṁho jambukam aṅkam âgatam api tyaktvâ nihanti dvîpam
sarvaḥ kṛcchrago 'pi vâñchati janas satvânurûpaṁ phalam || 9

lâṅgulacâlanam adhaçcaraṇâvapâtam |
bhûmau nipatya vadanodaradaçanaṁ ca |
çvâpiṇḍasya kurute madavârṇas tu dhîram |
vilokayati çâṭuçataiç ca bhunkte || 10
vidyâvikramajaṁ yo 'tti sa tu prajyo hi mânavaḥ
çvâpi nâma svalâṅgûlacâlanât piṇḍam açnute || 11
yajjîvitaṁ kṣaṇam api prathitaṁ manuṣyair
vijñânavikramayaçobhir abhagnamânam |
tadnâma jîvitam iti pravadanti tajjñâḥ |
kâko 'pi jîvati cirâya baliṁ ca bhuṅkte || 12

supûrâ vai kunadikâs supûro mûṣikâñjaliḥ |

---

2 ucchrita° fehlt in D. — D. °devâgâra° 4 D. °stambha upaviçya capalatayâ st. °stambhas tiṣṭha° bis sahaja° 7 asthâne fehlt in D. — ca kîle fehlt in D. 8 G. nach iti: tadvad idaṁ eva khalu 9 anyavṛteṣu vyâpâraḥ pariharaṇîyaḥ in G. — tâvad fehlt in D. 15 G. svodarapoṣaṇam 25 D. 'tti sâdhu so 'tîva mâ° 26 D. piṇḍabhâg bhavet 27 D. yajjîvati kṣa°.

susaṁtuṣṭaḥ kâpuruṣaḥ svalpakenâpi tuṣyati || 13

ahitahitavicâraçûnyabuddhaiḥ
çrutisamayair bahubhiḥ bahiṣkṛtasya |
udarabharaṇamâtrakevalecchoḥ
puruṣapaçoç ca paçoç ca ko viçeṣaḥ || 14

guruçakaṭadhuraṁdharas tṛṇâçî samaviṣameṣu ca lâṅgalâpakarṣî |
jagadupakaraṇapavitrayoniḥ narapaçunâpi viçiṣyate gavendraḥ || 15

karaṭaka âha | âvâṁ tâvad apradhânau | tat kim anena vyâpâreṇa | so 'bravît | kiyatâ kâlenâpradhânaḥ pradhâno bhavati | uktaṁ ca |

na kasyacit kaçcid iha prabhâvât |
bhavaty udâro 'bhimataḥ khalo vâ |
loke gurutvaṁ viparîtatâṁ ca |
svaceṣṭitâny eva naraṁ nayanti || 16

âropyate 'çmâ çailâgre yathâ yatnena bhûyasâ |
nipâtyate sukhenaiva tathâtmaguṇadoṣayoḥ ||

tasmâd bhadra âtmayatto 'syâtmâ sarvatra | ayaṁ tâvat svâmî piṅgalako bhîtaç ca hînaparivâraç ca mûḍhamatis tiṣṭhati | so 'bravît | kathaṁ jânâti bhavân | damanakaḥ | kim atrâviditam asti | uktaṁ ca |

udîrito 'rthaḥ paçunâpi gṛhyate |
hayâç ca nâgâç ca vahanti coditâḥ |
anukramam apy ûhati paṇḍito janaḥ |
parengitajñânaphalâ hi buddhayaḥ || 17

tathainam adyaiva prajñâprabhâvenâtmîyaṁ kariṣyâmi | karaṭakaḥ | anabhijño bhavân sevârtham asya | damanaka âha | bhadra katham ahaṁ sevânabhijñaḥ | nanu sakalânujîvidharmo 'nujñâtaḥ | uktaṁ ca |

ko 'tibhâras samarthânâṁ kiṁ dûraṁ vyavasâyinâm |
ko videçaḥ suvidyânâṁ kaḥ paraḥ priyavâdinâm || 18

---

1 G. kupuru° 2 D. smṛtasya st. bahiṣkṛ° — Vers 15 fehlt in D. 9 D. st. kim: katam, G. kutam 10 °lena pradhânaṁ bhavati D. 17 D. tadâ° st. tathâ° 18 tasmâd bis sarvatra fehlt in D. — Nach sarvatra: G. karaṭakaḥ | atha bhavân kiṁ vakṣyati; D.: atha bha° ki° va°, vom folg. Fol. eingedrungen (p. 404, l. 14) 19 bhi° bis °matis fehlt in D. 20 D. bha° jâ° — damanakaḥ fehlt in D 21 uktaṁ ca fehlt in D. 23 noditâḥ.

karaṭaka âha | kadâcit tvâm anavasarapraveçâd avamanyate svâmî damanaka âha | astv evam | tathâpy anujîvinâ sannidhyaṁ karaṇîyam | uktaṁ ca |

âsannam eva nṛpatir bhajate manuṣyaṁ |
vidyâhînam akulînam apaṇḍitaṁ vâ |
prâyeṇa bhûmipatayaḥ pramadâ latâç ca |
yaḥ pârçvato vasati taṁ pariveṣṭayanti ‖ 19

âhûto vâpy anâhûto yo râjñâṁ dvâri tiṣṭhati |
sa vai râjyaçriyaṁ bhuṅkte nâvamânî kadâcana ‖ 20
kopaprasâdavastûni vicinvantaḥ pade pade |
ârohanti çanair bhṛttyâ dhunvantam api pârthivam ‖ 21
gantavyâ râjasabhâ draṣṭavyâ râjavallabhâḥ puruṣâḥ |
yadyapi na bhavanty arthâya tathâpy anarthâ vilîyante ‖ 22

karaṭaka âha | atha bhavân kiṁ tatra vakṣyati | so 'bravît |

uttarâd uttaraṁ vâkyaṁ vadatâm eva jâyate
suvṛṣṭiguṇasaṁpannâd bîjâd bîjaṃ ivâparam ‖ 23

uktaṁ ca |

apâyasaṁdarçanajâṁ vipattim upâyasaṁdarçanajâṁ ca siddhim medhâvino nîtipathapraviṣṭâḥ puraḥ sphurantîm iva darçayanti ‖ 24

na câham aprâptakâlaṁ vakṣyâmi | tathâ hi |

aprâptakâlavacanaṁ bṛhaspatir api bruvan |
labhate buddhyavajñânam apamânaṁ ca çâçvataṃ ‖ 25
nâdeçe nâkâle nâparipakve driye na guṇahîne |
kathayati kathâṁ hitajño na ca tasya kathâ bhavati bandhyâ ‖ 26

api ca |

kalpayati ca yena vṛttiṁ yena ca kâle praçasyate sadbhiḥ |
saguṇas tena guṇavatâ vivardhhanîyaç ca rakṣaṇîyaç ca ‖ 27

karaṭaka uvâca | durâsâdhyâ hi narapatayaḥ parvatâ ivâjasraṁ prakṛtiviṣamagrâhiṇaçca | so 'bravît | evam etat |

---

2 âha fehlt in G. — astv bis uktaṁ ca fehlt in D 11 iva st. api 12 puruṣâḥ fehlt in D 13 G. arthâ bhavanty anarthapratîkârâḥ | 14 âha fehlt in G. — D. atha und bhavân fehlen in D. — so 'bravît fehlt in D. 16 D. °sampannabi° 17 uktaṁ ca fehlt in D. 22 G. aprâptakâlaṁ 25 D. kathâ hitajño na hitasya kathâ 27 D. prakâçyate für praçasyate 29 uvâca fehlt in G.

yasya yasya hi yo bhâvas tena tena hi taṁ naram |
anupraviçya medhavî kṣipram âtmavaçaṁ nayet ‖ 28

karaṭaka âha | gaccha civâs te panthânaḥ santu | yathâbhipretam anuṣṭhîyatâm | tato damanakaḥ pingalakasamîpaṁ gataḥ | tatra ca dûrâd eva râjñâ vijñâpitaḥ praveçitaç ca | praṇamyopaviṣṭaṁ sa râjâ pingalakɔ 'bravît | cirât praviṣṭo 'si | kim asti prayojanam | damanaka âha | deva na kiṁcit tvatpâdapadmâdṛte mama proyojanam asti | tathâpi prâptakâlam avaçyaṁ paçyann amâtyair vaktavyam ity âgato 'smi | kiṁ ca kenacid râjñâm upayogo 'sti | tathâ hi |

dantasya niṣkoṣaṇakena râjan |
karṇasya kaṇḍûyanakena vâpi |
tṛṇena kâryaṁ bhavatîçvarâṇâm |
kimangavâkyâṇimatâ nareṇa ‖ 29

api ca |

kadarthithasyâpi hi dhairyavṛtter |
na çakyate dhairyaguṇaḥ pramârṣṭum |
adhomukhasyâpi kṛtasya vahneḥ
nâdhaḥ çikhâ yâti kadâcid eva ‖ 30

kiṁ tat sarvadâ viçeṣavijñânena svâminâ bhavitavyam tathâ ca

karṣakaḥ sarvabîjâṁ samâlokya prâvâpayet |
utpannabîjasadbhâvam ankureṇa vibhâvayet ‖ 31

kiṁ ca |

sthâneṣv eva niyujyante bhṛttyâç câbharaṇâni ca |
na hi cûḍamaṇiḥ pâde 'prabhâvati nibadhyate ‖ 32
kanakabhûṣaṇasaṁkramaṇocito
yadi maṇir nipuṇi pratibadhyate |
na ca virauti câpi na çobhate
bhavati yojayitur vacanîyatâ ‖ 33
buddhimân anurakto 'yam abhayoktivirâjitaḥ |
iti bhṛttyavicârajño bhṛttyair âpûryate nṛpaḥ ‖ 34
açvaḥ çastraṁ çâstraṁ vîṇâ vâṇî naraç ca nârî ca |
puruṣaviçeṣaṁ prâptâ bhavanti yogyâ ayôgyâç ca ‖ 35

---

1 D. tena tena abhipretam anuṣṭhîyatâm (l. 4) 5 G. dvârâd 6 D. pingalakaṁ 7 tvat° fehlt in D. 9 paçyann fehlt in G. 11 G. °tasya saṁgharṣaṇakena 17 dhairya° fehlt in D. 20 D. viçeṣajñena st. °vijñânena 24 D. prajujyante 25 prabhavân na tu badhyate G. 30 D. °mân aprasakto.

tathâ ca çṛgâlo 'yaṁ iti mamopary avajñâ kriyate tad apy ayuktam |

viṣṇuḥ sûkararûpeṇa hayarûpeṇa bhâskaraḥ |
ṣaṇmukhaḥ châgarûpeṇa pûjyate kiṁ na sâdhubhiḥ ‖ 36
kiṁ bhaktenâsamarthena kiṁ çaktenâpakâriṇâ |
bhaktaṁ çaktaṁ ca mâṁ râjan yathâvajñâtum arhasi ‖ 37

api ca |

avajñânâd râjo bhavati matihînaḥ parijanaḥ
tatas tatprâdhânyâd vrajati na samîpaṁ buddhajanaḥ ‖ 38
buddhais tyakte râjñi prabhavati ca na nîtir guṇavati |
vipannyâṁ nîtau sakalaguṇakaṁ sîdati jagat ‖ 39

piṅgalakaḥ | bhavatu bhadra damanaka | kim etat | tvam asmadîyapradhânâmâtyaputraḥ | damanakaḥ | deva kiṁcid ucyate | udakârthî kiṁ svâmî bhîtabhîtam avatiṣṭhase | piṅgalakaḥ | bhadram uktam | vanam idam asmadîyam apûrvasattvâdhiṣṭhitam asmâkaṁ tyâjyam | tathâ hi | çrutas tvayâpi mahân apûrvaçabdaḥ çabdânurûpaḥ sarvabalapratâpavîryavân kaçcid bhaviṣyati | damanakaḥ | na çabdamâtrâd bhetavyam | tathâ ca |

ambhasâ bhidyate setus tathâ mantro 'nyarakṣitaḥ |
paiçunyâd bhidyate sneho vâgbhir bhidyate kâtaraḥ ‖ 40

tathâ coktaṁ |

pûrvam eva mayâ jñâtaṁ pûrṇam etaddhi medasâ |
anupraviçya vijñâtaṁ yathâ carma ca dâru ca ‖ 41

piṅgalaka âha | katham etat | damanaka âha |

kathâ 2.

asti kaçcit kṣutkṣâmo gomâyuḥ | sa ca bhagnasainyasamaracarmâpaçyat | tatra mahântaṁ çabdam açrauṣît | tataç câpy acintayat | hâ hato 'smi kiṁ karomi kva yâmîti | tato mahadbherîṁ dṛṣṭavân | tasyâṁ ca vâtâhatavṛkṣaçâkhâhatiçabdaṁ pratipadya

1 D. âjñâ st. avajñâ 4 G. tathâ hi nach sâdhubhiḥ 10 In D. fehlt ca — D. guṇam api 12 bhavatu fehlt in G. — kim etat fehlt in D. 13 deva fehlt in D. 14 D. °ârthaṁ — D. st. svâmi bhîtabhîtam: vismitaiva 15 asmadîyam fehlt in D. 16 G. tvayâ hi 17 G. °balayuktaḥ 21 G. uktaṁ ca 22 G. me sadâ 23 G. antaḥ pra° 24 G. kathaṁ caitat 26 G. râjâ für gomâ° 27 tataç câpy acinta° fehlt in D. 29 G. çâkhâhatiçabdaṁ.

tatsamîpaṁ gatvâcintayat | mahad bhojyam upasthitaṁ mameti | tato bherîmukhaṁ vidârya praviṣṭo 'sau nisṛtyâbravît | pûrvam eva mayâ jñâtam iti | ato svâminâ çabdamâtrân na bhetavyam aham api yatrâyaṁ çabdaḥ tatra gacchâmîti | gatvâ ca damanakaḥ saṁjîvakena saha sakhyaṁ kṛtvâ punar apy âgatavân | piṅgalakaṁ praṇamyopaviṣṭaḥ | tenoktaḥ | kiṁ dṛṣṭaḥ tvayâ pṛṣṭaḥ | kim ucitam | damanakaḥ | deva |

tṛṇâni nonmûlayati prabhañjano
mṛdûni nîcaiḥ praṇatâni sarvaçaḥ |
samucchrittân eva tarûn prakṣobhati
mahân mahatsv eva karoti vikramam || 42

tat sarvathâ tava pâdânâṁ samîpaṁ tam evânayiṣyâmi | piṅgalakaḥ saharṣaṁ yathâbhipretam anuṣṭhîyatâm iti | damanakaḥ punar gatvâ saṁjîvakam abhayavâcakaṁ dattvâ piṅgalakasamîpam ânîtavân | tadâ prabhṛti piṅgalakasaṁjîvakayor anyonyaprîtipûrvakaṁ nijaprakṛtisvajanabandhuraparityâgena mahatâ snehena kâlo 'tivartate | anujîvinâṁ apy âhâraçaithilyât karaṭakadamanakâv apy anyonyam acintayatâm | tatra karaṭakaḥ damanakam âha | sakhe âtmakṛto' yam doṣaḥ | tathâ ca |

jambuko meṣayuddhena vayaṁ câṣâḍhabhûtinâ |
dûtikâ tantuvâyena trayo' narthâḥ svayaṁkṛtâḥ || 43

karaṭakaḥ | katham etat | damanakaḥ |

kathâ 3.

asti kaçcit parivrâjakaḥ keçavaçarmâ nâma | tasya bahukâlopârjitadravyaparipûrṇâ kanthâsti | tâṁ câṣâḍhabhûtir nâma dhûrto 'pahartum icchan sa tasya çuçrusâm upagataḥ | anantaraṁ saha çiṣyeṇa parivrâjakaḥ puṇyatîrtheṣv âhâreṣu saṁcâro nyâya iti matvâ kadâcit kutracin nagare devâlayaṁ prâptavân | tatra sâyaṁkâle 'nuṣṭhânam nirvṛttya râtrau devotsavaṁ dṛṣṭvâ tasya

---

3 svâminâ fehlt in D. 5 saha fehlt in D. bis D. vor piṅga° âgatya — G. st. kiṁ bis ucitam nur dṛṣṭam ucitam | 12 tava fehlt in G. — D. evâjñapiṣyâmi 14 D. api vâcaṁ da° — G. tatsamî° 17 G. 'tivartate — G. st. anujî° aham api 22 katham etat fehlt in D. — damanakaḥ fehlt in D. 24 keçava° fehlt in D. — tasya fehlt in D. 25 °pari° fehlt in G. 26 dhûrto fehlt in D. 27 parivrâṭ in D. 28 ca nach tatra in D. 29 sâyaṁkâlam in D.

devasya sevânantaraṁ sannyâsî çiṣyam âha | âṣâḍhabhûte devaparçvanaṁ jâtam | itaḥ paraṁ çayanârthaṁ gantavyam iti | çiṣya âha | çrîsarasi jalaṁ devasvaṁ bhavati | sthânikânâṁ prcchayâ jalaṁ pîtvâ gamiṣyâmi | gurur âha | tathaiva kriyatâm iti | kamaṇḍaluṁ jalâhâraṇârthaṁ dattvâ kanthâṁ na dadâti | so 'pi jalaṁ pîtvodakapûritaṁ kamaṇḍalum ânîtavân | anantaraṁ kasyacid gṛhe çayanasthalaṁ gṛhapatiṁ sannyâsî yâcitavân tataḥ çiṣyo gurum âha | svâmin tasya gṛhe sthaṇḍilaçayanâd asmaccharîralagnâ dhûlîparamâṇavo bhaveyuḥ | âvayor apahṛtadoṣaṁ bhaviṣyati parasvâpaharaṇasya pâtakatvât | tataḥ sannyâsî çiṣyam avalokya vismayam âpannaḥ punar âha | evaṁ ced âvayoḥ kutra çayanaṁ bhaviṣyati âṣâḍhabhûtir âha | adya râtrau yuvayor doṣo nâstîti gṛhapatinâ vâcayitvâ çayitavyam : tataḥ sannyâsî ayaṁ viçvâsya iti manasi nidhâya tathaiva gṛhapatiṁ yâcitavân | tato râtrau tatra sthitvâ prâtaḥkâla anuṣṭhânârthaṁ gamane çiṣyahaste kanthâṁ na prayacchati | madhyâhne kaçcid dvijaḥ tayor bhojanaṁ dattavân bhojânantaraṁ sâyantanasamaye grâmântarajigamiṣayobhau calitau kroçamâtragamane saty âṣâḍhabhûtir âha | svâmin mama çirasi bhojanapradaddvijagṛhatṛṇam idânîṁ dṛṣṭam | etad aparakîyasvaṁ bhavati | idaṁ punaḥ tasya gṛhe nidhâya çîghram âgamiṣyâmi | iti jagâma ; parivrâḍ apy ativismitamanâ âsît | so 'pi punar âgatya gurave viçvâsam utpâdya sthitaḥ · kâlena ca viçvâsam upagataḥ parivrâṭ kanthâṁ tasmin nidhâya vanopakaṇḍam âcaritum upagataḥ | tatra câsau taṭâkatîre meṣayuddham apaçyat | tayor yuddhyamânayoḥ çṛṅgîhatinisṛtam asṛkpravâhaṁ bhûmau dṛṣṭvâ tajjighṛkṣayâ nibuddhir eko jambuko dûram apasṛtayos tayor madhyam anupraviṣṭaḥ | punas tadaiva tayor abhighâtayoḥ pañcatvam upagataḥ | parivrâjako vismayavaçâd abravît | jambuko meṣayuddhenety âgataç çâṣâḍhabhûtiṁ nâpaçyat | udvignamanâ âha |

2 iti fehlt in G. 3 st. çiṣya âha çrî° in D. bloss svâmin sarasi 4 âha fehlt in D 5 iti fehlt in D. — D. st. dattvâ adât 7 gṛhe fehlt in D. — In D. nach kasyacid: dvijasya — çayana° fehlt in D. 8 tasya fehlt in D. — In D. nach gṛhe: çayanârthe — D. sthaṇḍilam | ṭatra çaya° 10 D. parârthopa° 14 D. tadaiva — G. viçvâsîti 15 D. tatas tatra râ° 20 D. vor dṛṣṭam: mayâ 22 D. °vismayama° 23 sthitaḥ und ca fehlen in G. 24 tasmin fehlt in G. — vanopa° fehlt in G. 25 taṭâkatîre fehlt in D. 26 D. çṛṅgamûlabhûtam asṛk — dṛṣṭavân in D. — tajjighrayâ G. jighṛkṣayâ D. 28 tayos sambeṣâbhighâtayoḥ in G., °vâbhighâtayoḥ in D.

vayaṁ câṣâḍhabhûtineti | parivrâṭ tato 'nantaraṁ astaṁgamanasamaye kasmiṁçcin nagare gatvâ tantuvâyagṛham abhyupagataḥ | tatra câsau tantuvâyo 'pi suṣṭhu yânagoṣṭhîm upagataḥ | tasya bhâryâ puṁçcalî dûtikayâ saṁcoditâ manujântaraṁ gatvâ rantum upakrântâ yâvat tâvad abhimukhaṁ svabhartâ samâyâtaḥ | sâ ca taṁ dṛṣṭvâ nivṛttya pûrvavat pâdaçaucâdikam akalpayat | sa ca bhâvajñaḥ tâm âdṛtya stambhe baddhvâ prasuptaḥ | supte câsmin pramatte punaḥ sâ dûtikâ tâṁ mocayitvâtmânaṁ baddhvâ vyagrakâmukaṁ preṣitavatî | anantaram asau prabuddhaḥ vâkyapâruṣam akarot | punas tâm âkroçayat | sâ ca dûtî kiṁcid uttaraṁ na dadau | tato jâtamarṣas tîkṣṇaçâstrikayâ nâsikâm acchinat | tataḥ punaḥ suptaḥ | athâyâtâ tantuvâyî tâm apṛcchat | kâ vârtteti | sâ dûtî sâmarṣaṁ pûrvaṁ paçyasi kâ vârtteti mâṁ muñca gacchâmi | tantuvâyî dûtikâṁ mocayitvâtmânaṁ baddhvâ tathaiva sthitâ | tataḥ pratibuddhyamânaṁ tantuvâyî tam âha | durâtman ko vâmâṁ satîṁ virûpayituṁ samarthaḥ | yady ahaṁ kaumârât puruṣântaraṁ na gatâ tad anena satyenâvyangatâ me bhavet | lokapâlâḥ çṛṇvantu pitaraç ca | paçyâre pâpiṣṭha manmukham | tato 'sau tâm avyangamukhîṁ dṛṣṭvâ çraddhadhânaḥ pâdayoḥ patitvâ tâṁ mocitavân | parivrâṭ sarvavṛttântadarçî tathaiva sthitaḥ | dûtikâ ca gṛhîtachinnanâsâgrapuṭâ gṛhaṁ gatvâcintayat | kathaṁ procchâdayâmîti | athâsyâ bhartâ nâpito 'nyata âgatya kṣurabhâṇḍam ayâcata | sâ ca gṛhântarasthaiva kṣuram ekam adâd na bhâṇḍam | sa caikakṣurapradânakopât kṣuraṁ punaḥ prâhinot | atha sâ kṛtanâsâpuṭaṁ gṛhîtvâ mahatâ çabdena paritrâyadhvam ity anena durâtmanâ duṣṭhâham virûpiteti ruditî sthitâ | tato nâpito râjapuruṣair baddhvânîto dharmâdhikâraiḥ pṛṣṭo na kiṁcid uttaraṁ dadau | tato 'sau çûle nikṣipyatâm ity âdiṣṭaḥ | tatas tantuvâyî nijadûtikâkarasthaṁ nâsikâkhaṇḍaṁ gṛhîtvâ svâparâdhaparijihîrṣayâ râjadvâram agamat | gatvâ ca

---

1 tato fehlt in D., parivrâṭ in G. — astam° — gatvâ fehlt in G. 2 tantuvâyaṁ in D. 6 D. st. nivṛ° vidya 7 sthambhaṁ G. — ca und pra — fehlen in D 11 ca fehlt in D. — jâtamarṣas tîkṣṇa° fehlt in D. — tannâsi° G. 13 D. sarvaṁ st. pûrvaṁ 17 vor kaumâ° in G. 19 st. paçyâre in D. paçyantu re — G. tad asâv avyaṁga° 20 dṛṣṭavân D. 21 D. st. sthitaḥ: âste — D. °nâsâgrâ 24 gṛhânyatarasthaiva H. 25 punaḥ fehlt in D. 26 G. kṛtaravâ nâsâpu° — mahatâ bis tantuvâyi excl. (l. 30) fehlt in G.

kroçantîtthaṁ âha | he amâtyâ râjñaḥ çṛṇvantu | niraparâdhâṁ bhartâ pativratâm api mâṁ sthambhe baddhvâ nâsikâm acchinat | svayam eva vârâṅganâbhî ramati | ato mayi dveṣabuddhyâivaṁ kṛtavân | aham eva yadi satî tadâ nâsikâ yathâpûrvaṁ tiṣṭhati iti satyavâkyaṁ vadatî cukroṣa | athâdhikâriṇa âhuḥ | nâsikâṁ darçayeti | tato raktârdravasanabaddhaṁ nâsikâparisthitaṁ visṛjya darçayâm âsa | tato râjâ tantuvâyam âhûyâprâkṣît | are pâpiṣṭha bhâryânâsikâchedanaṁ kṛtavân asi | tvadbhâryâ pativratâ saṁdeho nâsti | chinnâpi nâsikâ punar âgatâ | tatas tûṣṇîṁ sthitavantaṁ tantuvâyaṁ çûlam âropayantviti râjâ nijabhṛttyân âjñâpayâm âsa | tataḥ saṁnyâsy âgatyovâca | ayaṁ tantuvâyaḥ svayaṁ kâmuka eva râtrau saṁcarati sâpi tadvad eva kâmukî vyabhicarati | tadbhartâ svayaṁ niyâmaka iti kṛtvâ stambhe baddhvâ nidrâm avâpa tatsamaye dûty âgatyâtmânaṁ baddhvâ tantuvâyîm jârabhartuḥ samîpaṁ preṣitavatî | tataḥ prabuddhaḥ tîkṣṇaçastreṇa nâsikâṁ cheditavân | tacchedanaṁ hitakâriṇyâ dûtikâyâ nâsikâpuṭe niṣpannam ayaṁ pûrvedyuḥrâtrivṛttântaḥ | tato dharmâdhikâriṇa ûcuḥ | vyabhicâras tûbhayoḥ samânaḥ | tathâpi puruṣasya niyâmakatvât tasyâparâdho nâsti | bhâryâyâ evâparâdhadvayam | vyabhicâras tv eka aparo râjadvârâbhigamanam | etacchrutvâ râjâ mantribhir âlocya tantuvâyadhanaṁ sarvaṁ gṛhitavân | tadbhâryânâsikâkṛntanaṁ çiromuṇḍanaṁ ca kârayitvâ dûtîṁ dâsîṁ cakâra | tataḥ sarvavṛttântadarçanaṁ parivrâjakaṁ saṁtoṣya taṇḍulaçâkadadhighṛtâdibhiḥ saṁbhâvya tam evâha | he svâmin bhavadbhir mamâvimṛçyakâritvaṁ nirâkṛtam | uktaṁ ca |

pâpân nivârayati yojayati hitâya | guhyaṁ ca guhati guṇân prakaṭikaroti |
cetaḥ prasâdayati dikṣu tanoti kîrtiṁ | ṣaṇ mitralakṣaṇam idam pravadanti santaḥ ‖ 44

tataḥ sarvavṛttântadarçî parivrâjako 'pi kautukât tatrâgato

---

1 D. mâṁ nach °râdhâṁ 3 D. vârâṅganâsu vyabhicarati 4 G. kâritavân — yathâ fehlt in D. 5 st. atha G. anantaraṁ 6 tato fehlt in D. 7 râjâ fehlt in G. 10 D. sthitam — râjâ fehlt in D 12 D. st. svayaṁ tu 13 G. vor tadbhar° tathâpi — G. st. svayaṁ: tasyâm 14 nidrâm bis çastreṇa excl. (l. 16) fehlt in D. 16 G. tacca bhedinîhita° 22 sarvaṁ fehlt in D. — çiromuṇḍanaṁ ca fehlt in D. 23 dûtyâḥ in D. 24 °çâkadadhyâdibhiḥ in G. 25 bhavadbhir fehlt in G. 27 ni° st. ca in G. 31 ataḥ in G. — tatra gato in D.

'bravît | nâyam iha kartâçcaryatrayam asmâsu çrûyatâm jambuko meṣayuddheneti patitvâ nirjagâma | tad âkarṇya dharmâdhikṛtair nâpito rakṣitaḥ |

damanakât sarvaṁ çrutvâ karaṭaka âha | bhadra kim atrocitam | damanakaḥ |

bhraṣṭasya kâryasya samûrtabhavârtham âgâmino 'rthasya ca
saṁgrahârtham |
anarthakâryapratighâtanârtham yan mantryate 'sau paramo hi
mantraḥ || 45

tad idaṁ piṅgalakasaṁjîvakayor vyasanam âpatitam | tad anayoḥ sarvathâ viyogaḥ karaṇîyaḥ | karaṭakaḥ | katham etacchakyam damanakaḥ | upâyaç cintanîyaḥ | uktaṁ ca |

upâyena tu yacchakyaṁ na tacchakyaṁ parâkramaiḥ
kâkaḥ kanakasûtreṇa kṛṣṇasarpaṁ jaghâna ha || 46

karaṭakaḥ | katham etat | damanakaḥ |

kathâ 4.

asti kasmiṅçcit tarau vâyasadaṁpatî prativasataḥ sma tasya ca prasavântaram eva çiçuṁ koṭarastho mahân kṛṣṇasarpo bhakṣayati | tato 'sau vâyasaḥ prasavayogyâṁ patnîm ekadâ dṛṣṭvâ priyasuhṛdaṁ gomâyum apṛcchat bhadra kim atrocitam | so 'bravît |

bhakṣayitvâ bahûn matsyân uttamâdhamamadhyamân
atilaulyâd bakaḥ kaçcin mṛtaḥ karkaṭanigrahât || 47

vâyasaḥ | katham etat | gomâyuḥ |

kathâ 5.

asti kaçcid vṛddhabakaḥ | sa tu bṛhatsarastîraṁ gatvodvignamanâ ivâtmânaṁ darçayitvâ sthitaḥ | sa ca vṛddhakulîreṇâbhihitaḥ | kimiti bhavân âhâreṇa vihînas tiṣṭhati | sa âha ahaṁ matsyâdo matsyâç câvaçyam atra kaivartair vyâpâditavyâ iti çrutaṁ mayâ | ato 'haṁ vṛttichedâd eva hata ittham uktavân |

---

2 nirjagâma in G. 9 G. tantraḥ st. mantraḥ 11 karaṭṭakaḥ fehlt in D. 15 G. kathaṁ caitat 17 D. vasati 18 çiçum fehlt in D. 19 G. abhakṣayat | 'sau vâyasaḥ fehlt in D. 20 G. kiṁ evoci° 23 G. na° ka° bakaḥ 28 G. âhâraparityâgena tiṣṭha° — sa âha fehlt in D. 30 D. ma° çru°.

tataḥ kulîreṇa matsyânâṁ niveditam | tatas sarvair matsyair militvâbhihitam | hato 'haṁ yataḥ evâpâyaḥ tata evopâyaḥ çrûyate | tad asmân paritrâya svaçaraṇâgatarakṣaṇe bhûri sukṛtaṁ tava bhavet | tenoktam | mama yuṣmâkaṁ caikâçrayatvaṁ hi | nâhaṁ kaivartair yoddhuṁ çaktaḥ | kiṁ tv ajayalâçrayaṁ yuṣmân nayâmi | matsyaiç ca bhiyâ viçvâsam upagatair uktam | evam astv iti | athâsâv api tadâ prabhṛty ekaikaṁ matsyaṁ gṛhîtvâ dûraṁ nîtvâ bahûn matsyân abhakṣayat | kulîro 'py avaçiṣṭas | tam api nîtavân | nîtvâ ca bhakṣaṇasamaye matsyâsthisaṁcayaṁ dṛṣṭvâ kulîreṇa cintitam | matsyâç cânena durâtmanâ bakena bhakṣitâ iti |

abhiyukto yadâ paçyen na kiṁ cit trâṇam âtmanaḥ |
yuddhyamânas tadâ prâjño mriyate ripuṇâ saha || 48
yatra yuddhe dhruvo mṛtyur yudhe jîvitasaṁçayaḥ |
tam eva kâlaṁ yudhasya pravadanti manîṣinaḥ || 49

iti niçcintyâsâv ayudhyata | saṁyuddhya bakasya grîvaṁ kuliraç ciccheda | ato 'haṁ bravîmi | bhakṣayitvâ bahûn matsyân iti | vâyaso jambukam âha | kim atrocitam iti | sa âha | kasmiṁçcit paṭṭaṇe râjamahiṣî snâtuṁ yadâ gacchati tadâ svâbharaṇy anyasthâni sthâpayiṣyati | tatra tvaṁ gatvâ tasyâ âbharaṇaṁ muktâhâraṁ gṛhîtvâ çanair gaccha | tvâṁ dṛṣṭvâ râjabhṛtyâ tvadanusâriṇa âyânti | tadâ tvaṁ kṛṣṇasarpasya vivare nikṣipya gato 'si yadâ tadâ ta ânantyabilaṁ khanitvâ sarpaṁ nihatya gantâro bhaviṣyanti | tadâ tvatkâryaṁ samicînaṁ bhavet | tathâ tenânuṣṭhitaṁ tad vṛttam | ato 'haṁ bravîmi | upâyena tu yacchakyam iti | tathâ ca |

buddhir yasya balaṁ tasya nirbuddhes tu kuto balam
paçya siṁhaṁ madonmattaṁ çaçakena nipâtitam || 50

karaṭaka âha | katham etat | sa âha |

1 D. matsyetho 1 G. asmâkaṁ tava caikâ° st. mama caika° 5 D. vor yoddhuṁ saha — D. samarthaḥ st. çaktaḥ 7 D. durâtmâ baka vor ekai° — G. ekaikaṁ nîtva bahûn ma° 8 G. kulîraç ca tam 9 ca fehlt in D. — G. °ârthî, D. °ârthaṁ bakaḥ ca fehlt in D. 10 bakena fehlt in G. 17 bakagrîvaṁ D. 19 D. nagare für paṭṭaṇe — G. snâtvâ suvarṇasûtram âdâya tasya koṭare sthâpaya | tajjighṛkṣayâgatâs taṁ sarpaṁ vyapâdayiṣyanti | tathâ cânuṣṭhite für sthâtuṁ bis tathâ tenâ°.

kathâ 6.

asti kasmiṁçcid vanoddeçe mahotkaṭo nâma siṁhaḥ | sa ca sarvân mṛgân yatheṣṭaṁ bhakṣayati | tato mṛgair militvâ siṁho vijñâpitaḥ | deva kim arthaṁ sarvamṛgachedaḥ kriyate vayam eva sarve pratyaham ekaikaṁ sattvam âhârârthaṁ preṣayâmaḥ | tenoktam | evam astv iti | tataḥ prabhṛti pratidinaṁ preṣitam ekaikaṁ mṛgaṁ bhakṣayan sthitaḥ | atha kadâcid vṛddhaçaçakasya vara âgataḥ | so 'cintayat | mṛto 'haṁ tad upâyântaraṁ cintayâmi | kiṁ açakyaṁ buddhimatâm | ataḥ siṁham evopâyântareṇa vyâpâdayiṣyâmi | tato velâtikramaṁ kṛtvâ kathaṁcid mandaṁmandam âgacchat siṁho 'pi kṣutpipâsâbhibhûtaḥ krodhâd uvâca | kutas tvaṁ vilambhyâgataḥ | so 'bravît | nâham aparâdhî | pathi siṁhântareṇa niruddhyâhaṁ bahukâlârjitam âhâraṁ jâtam iti bhakṣayitum upakrântaḥ | tasmât kathâcit palâyyâgato 'smi | siṁhaḥ sâçcaryaṁ sakautukam avâdît | kva sa durâtmâ | sa âha | tvaritam âgacchatu svâmî taṁ darçayâmîti | taṁ gṛhîtvâ nityakûpam upagataḥ paçyeti tasmai pratibimbaṁ darçayâm âsa sa jâtakopavaçâd âtmanaḥ pratibimbam dṛṣṭvâ siṁhântarabhrântyâ tasyopari patitvâ pañcatvam upagataḥ | ato 'ham bravîmi buddhir yasyeti | gaccha çivâs te panthânaḥ santu | damanakaç ca piṅgalakasamîpaṁ gatvâ praṇamyâbravît | deva svâparâdhaṁ manyamâna âgato 'smi | uktaṁ ca |

aniyuktâ hi sânidhyaṁ yad vadanti manîṣiṇaḥ |
anurâgadravyasyaite praṇayasyâtibhûmayaḥ ‖ 51

piṅgalakaḥ sâdaram âha | kiṁ bhavân vaktum icchati | so 'bravît | ayaṁ tâvat saṁjîvakaḥ tavopary asadṛçavyâpârakârî kiṁ câsau matsannidhâv eva svâminaḥ çaktitrayanindâṁ kṛtvâ râjyam evâkâṅkṣati | etacchrutvâ piṅgalakaḥ sabhayaṁ sâçcaryaṁ na kiṁcid ûce | damanakaḥ punar âha | ayam ekas tava pradhânebhya utthito mantrî | tathâ coktam |

2 G. kaçcid st. kasmiṁçcid 6 st. tataḥ prabhṛti in G. tadâ pra° — G. dinântaiḥ st. pratidi° 7 ekaikaṁ fehlt in D. 8 D. dhûrtaçaça° 11 G. agacchat 13 D. na mamâparâdhaḥ st. nâham apa° — pathi fehlt in D. — ahaṁ fehlt in G. 16 sa fehlt in D. 21 ca fehlt in D. 22 G. st. uktaṁ ca: âha ca 23 G. 'pi st. hi — D. sacivâ st. sânidhyaṁ 27 kiṁ câsau fehlt in D. — svâminaḥ fehlt in D. 29 D. aham st. ayam 30 tathâ coktam fehlt in D.

atyucchrite mantriṇi pârthive ca viṣṭabhya pâdâv avatiṣṭhate çrîḥ
sâ çrîsvabhavâd asahâ calâ ca tayor dvayor ekataraṁ jahâti ‖ 52
ekaṁ bhûmipatiḥ karoti sacivaṁ râjye pramâṇam yataḥ |
taṁ mohâcchrûyate madaḥ sa ca madâd dâsyena nirvidyate ‖ 53
nirviṇṇasya padaṁkaroti hṛdaye tasya svatantraspṛhâ |
svâtantryaspṛhayâ tatas sa nṛpate prâṇân api druhyate ‖ 54
na taṁ paçyâmi loke 'smin kṛte pratikaroti yaḥ |
sarvasya hi kṛtârthasya matir anyâ pravartate ‖ 55

anyacca |

viṣadigdhasya bhakṣyasya dantasya calitasya ca |
amâtyasya ca duṣṭasya mûlâd uddharanaṁ sukham ‖ 56

sa ca sarvakâryeṣu svecchayâ pravartate | tatra pramâṇaṁ svâmî |

kâryâṇy arthâvamarçena svânuraktena sâdhayan |
nopeksyaḥ sacivo râjñâ nâyam artho 'tipuṣkalaḥ ‖ 57
na so 'sti puruṣo loke yo na kâmayate çriyam |
açakto bhagnamânas tu narendraṁ paryupâsate ‖ 58

siṁhaḥ | bhadra tathâpi saṁjîvako mama snehah | tathâ hi |

anekadoṣaduṣṭho 'pi kâyaḥ kasya na vallabhaḥ |
kurvann api vyalikâni yaḥ priyaḥ priya eva saḥ ‖ 59

damanakaḥ | asyaivâyaṁ doṣaḥ sarvaparijanaparityâgena svâminâ yasmin râjyânubandhaḥ kriyate | sa ca svâmitvaṁ vâñchati | tathâ ca |

yasmin evâdhikaṁ cakṣur âropayati pârthivaḥ |
sute vâpy akulîne vâ sa lakṣmyâ hîyate nṛpaḥ ‖ 60
yukto bandhur api priyas tu tanayo bhrâtâ vaçyo 'thavâ yo |
mohâc ca bhaved anarthacaritas tyâjyaḥ sa kâryârthinâ ‖ 61
loke 'pi prathitâ nanu çrutir iyam nâryo 'pi gâyanti tâḥ |
kiṁ tenâpi suvarṇakena bhavati chedâyaṁ kaṇḍasya ca ‖ 62
satâṁ matim atikramya yo 'satâṁ vartate vaçe |
acirât sa cyutasthânâd viṣatâṁ vartate vaçe ‖ 63

---

1 upatiṣṭha° in D. 2 D. parasya st. calâ ca 6 D. madas sa st. tataḥ sa 8 D. ca st. hi 10 D. bhuktasya° st. bhakṣya° 11 D. vâram st. sukham 12 D. sarveṣu st. sarvakâryeṣu. 21 D. asmin evâyaṁ st. asyaivâ° 25 D. sute vâpy akule vâpi — D. hriyate st. hîyate 26 G. vayasyo st. vaçyo — G. st. der zweiten Hälfte von V. 63: na sa jîvayituṁ çakyas sarvabhakṣya upâturaḥ .

apriyasyâpi vacasaḥ pariṇâmâ virodhinaḥ |
vaktâ çrotâ ca yatrâsti ramante tatra saṁpadaḥ ‖ 64
mûlabhṛttyâ virodhena hy âgantûn pratimânayet
nâtaḥ parataro 'nyo 'sti râjyabhedakaro hi saḥ ‖ 65

siṁhaḥ mayâbhayavâcakaṁ dattvânîto vardhitaç ca tat katham druhyati | damanakaḥ |

durjanaḥ prakṛtiṁ yâti sevyamâno 'pi nityaçaḥ |
secanâbhyañjanopâyaiḥ çvapuṣtham iva nâmitam ‖ 66
sarpas tu daçanair hanti hanti pucchena vṛçcikaḥ |
durjanaḥ parataḥ paççâddhanti savyâpasavyayoḥ ‖ 67
jîvanagrahaṇenamrâ gṛhîtvâ punar utthitâḥ |
kiṁ kaniṣṭâḥ kimu jyeṣṭo ghatîyantrasya durjanâḥ ‖ 68
çarkarâmadhusaṁyuktaṁ nimbabîjaṁ pratiṣṭhitam |
kṣîraiḥ saṁvardhamâno 'pi nimbaṁ kiṁ madhurâyate ‖ 69
nâtistutyâ phalânyâ cet kim stutyâpi bhaviṣyati |
phalanty amṛtasekena kim badhrâṇi viṣadrumâḥ ‖ 70

ato 'ham bravîmi |

nâpṛṣṭaḥ tasya tad brûyâd yasya necchet parâbhavam |
eṣa eva satâṁ dharmo viparîtaṁs tato 'nyathâ ‖ 71

tathâ coktam |

na durjano vairam iti prakupyati na vâpi sâdhuḥ sukṛtena tuṣyati |
svabhâvabhâvena hi bhâvitâv ubhau yathekṣunimbau svarasena bhâvitau ‖ 72
sasnigdho vyasanân nivartayati yas tat karma yan nirmalam |
sâ strî yânuvidhâyinî sa matimân yaḥ sadbhir abhyarcitaḥ |
sâ çrîr yâ na madaṁ karoti sa sukhî yaḥ tṛṣṇayâ nohyate |
tan mantraṁ yad avañjanam sa puruṣo yaḥ khidyate nendriyaiḥ ‖ 73

yady api saṁjîvakasya doṣân bahuço vijñâpya nivartate svâmi tad uttaratra satyavadini bhṛttye na doṣaḥ | tathâ ca |

---

2 G. yatrâste — D. sarvasampa° 3 D. âgantukam abhaktimân. 5 D. vâcaṁ 8 D. 'svedenâ° st. seca° 9 D. hanti nur einmal 10 dhanti fehlt in D. 11 G. uddhatâh st. utthitâḥ 18 D. kasyacid st. tasya tad 19 D. ato st. tato 21 G. câpi st. vâpi 24 G. tâv ubhau st. bhâvitâv ‖ 27 D. und G. st. çrîr: strîr — D. tyajeta st. nohyate 28 D. st. avañja° — tu vicâritaṁ 30 G. ca nach yady api.

nṛpaḥ kâmasakto na gaṇayati kâryaṁ na ca hitam |
yatheṣṭam svacchandât pravicarati matto gaja iva ‖ 74
tato mânâdhyâtaḥ patati sa yadâ çokagahane |
tadâ bhṛttye doṣân kṣipati na nijaṁ vetty avinayam ‖ 75

siṁhaḥ | tat katham | saṁjîvakaḥ pratyadiçyatâm | damanakaḥ deva atra bhedo jâyate | pratyâdiṣṭaç câsau mahântam apakâram kariṣyati | tathâ hi |

mantrabîjam idaṁ pakvaṁ rakṣaṇîyaṁ prayatnataḥ |
manâg api na bhidyate | bhinnam hy etan na rohati ‖ 76

siṁhaḥ | kim asmân asau kartuṁ samarthaḥ | damanakaḥ | deva kim ajñâtaçîlasya jâyate | tathâ coktam |

na tv avijñâtaçîlasya gṛhe dadyât pratiçrayam |
ḍiṇḍibhasya hi doṣeṇa hatâ mandavisarpiṇî ‖ 77

siṁhaḥ | katham etat | damanakaḥ |

kathâ 7.

kasyacid râjñaḥ çayyâyâṁ mandavisarpiṇî nâma yukâ bahukâlaṁ vasati sma | tasyâṁ ca vâtâhataḥ kadâcid ḍiṇḍibho nâma matkuṇaḥ patati sma | sa ca mandavisarpiṇyâtithisatkâraṁ kṛtvâ prasthâpito 'pi na yayau | vadati ca | tava prasâdâd ahaṁ râjarudhiram âsvâdayâmi | mandavisarpiṇyoktam tvaṁ tîkṣṇadaçanaḥ kâlân anabhijnaç ca | tad ato gacchety ukto 'pi matkuṇaḥ pâdayoḥ patitvâ sthitaḥ | sâ tu dâkṣiṇyâd idam abravît | suratâçramakhedasuptasya râjño rudhiram pâsyasîti | sa câtivarât pradoṣa eva râjânaṁ daṣṭavân | râjâpi prâhârikân âha | kenâpi daṣṭo 'smiti tad anantaram eva matkuṇo vivarântaraṁ praviṣṭaḥ | yâmikaiç ca prâdîpam adâya çayyâṁ nirûpayadbhir mandavisarpiṇî dṛṣṭâ vyâpâditâ ca | ato 'haṁ bravîmi | na tv avijñâtaçîlasyeti | piṅgalakaḥ | katham asau jñâtavyo drohabuddhir iti | damanakaḥ | yadâ çṛṅgâgraprahâraṇaiç cakita iva pâdântikam âgacchati tad âjnâsyati svâmî | evam uktvâ saṁji-

3 G. madonmâdâd st. mânâdhyâtaḥ 5 G. atra bhedo jâyate st. dama° bis jâyate 7 D. nach kariṣyati vibhîṣaṇa iti 10 D. nach kiṁ ayam 11 D. st. deva bis coktam: ajñânavad 'bhâṣate bhavân kiṁ uktaṁ ca 13 D. tu st. hi 18 nâma fehlt in D. 19 D. °pito matkuṇa âha st. °pito 'pi na bis ca 20 D. statt °yoktam bis pâdayoḥ (l. 22) incl.: °yâḥ pâdayoḥ 23 D. raktaṁ st. râjño rudhiram 28 piṅga° bis âgacchati incl. (l. 30) fehlt in D.

vakasamîpaṁ prâptavân | tatra gataç ca mandamandam adhvâparigatam âtmânam adarçayat | saṁjîvakenâbhihitaḥ | bhadra kuçalam | damanakaḥ | anujîvinâṁ kutaḥ kuçalam |

saṁpattayaḥ parâyattâḥ sadâ cittam anirvṛttam |
svajîvite 'py aviçvâsas teṣâṁ ye râjasaṁçrayâḥ || 78
ko 'rthân prâpya na garvito bhuvi naraḥ kasyâpado 'staṁgatâḥ
strîbhiḥ kasya na khaṇḍitaṁ nanu manaḥ ko nâma râjñâṁ priyaḥ || 79
kâlaḥ kasya na gocaro nipatitaḥ ko 'rthîgato gauravam |
ko durjanavâgurâsu patitaḥ kṣemeṇa yâtaḥ pumân || 80

tat sarvadaiva cintanîyam |

kaḥ kâlaḥ kâni mitrâṇi ko deçaḥ kau vyayâgamau |
kaç câhaṁ kâ ca me çaktir iti cintyaṁ muhurmuhuḥ || 81

saṁjîvakaḥ | atha kim atra kartaryam | sa âha | yady api râjaviçvâso na karaṇîyaḥ tathâpi bhavân pratyayâd âgataḥ sthitaç ca | tan mayâ tava hitam âkhyeyaṁ | ayaṁ svâmî tavopari vikṛtabuddhir vadati ca | saṁjîvakam eva hatvâ svakîyaṁ parivâraṁ tarpayâmîti | etacchrutvâ saṁjîvakaḥ paraṁ viṣâdam agamat | damanakaḥ | prâptakâlasyocitam anuṣṭhiyatâm | saṁjîvakaḥ | suṣṭhu khalv idam ucyate |

durjanagamyâ nâryaḥ prâyeṇâpâtrabhṛd bhavati râjâ |
kṛpaṇânusâri ca dhanaṁ megho giryudadhivarṣî ca || 82
ârâdhyamâno nṛpatiḥ prayatnâd ârâdhyate nâma kim atra citram |
ayaṁ tv apûrvapratimâviçeṣo yaḥ sevyamâno riputâm upaiti || 83

tadayam açakto 'rthaḥ | damanakaḥ |

nimittam uddiçya hi yaḥ prakupyati dhruvaṁ sa tasyâpagame prasîdati |
akâraṇadveṣi mano hi yasya tu kathaṁ paras taṁ paritoṣayiṣyati || 84

1 G. prâyâḥ st. prâptavân — D. mandama° 3 D. kathaṁ st. kutaḥ 6 G. krodhât st. ko 'rthân 12 kaḥ kâla fehlt in D. 15 G. kathanîyaḥ st. kara° 17 ca fehlt in D. 18 etac fehlt in D. 19 D. prâptakâlam anuṣṭhî° 21 In D. fehlt °pâtra° 22 D. °nuvihitaṁ hâri devo st. °nusâri ca dhanaṁ megho 25 D. idaṁ st. ayaṁ 27 G. yas turiṣyati — D. hi yaḥ praku° idaṁ sad asyâpagame.

sâdhu cedam uktam |

sarasibahuças târâchâyâṁ darçayan vañchitaḥ |
kumudavisakânveṣî haṁso niçâsv acakṣaṇaḥ | 85
na daçati punas târâçankî divâpy asitotpalam |
kuhakacarito lokaḥ satye 'py apâyam apekṣate | 86

athavâ parapraṇîtabuddhir iyam |

vaidyavidvajjanâmâtyâ yasya râjñaḥ priyaṁvadâḥ |
arogyadharmakoçebhyaḥ kṣipraṁ sa parihîyate | 87

saṁjîvaka âha | kiṁ mayâpakṛtaṁ râjñaḥ | damanakaḥ | animittâpakâriṇo râjânaḥ | tathâ hi |

çuddhaiḥ snigdhair upakṛtam aviçeṣyatâm eti kiṁcit |
sâkṣâd anyair apakṛtam api prîtim evopayâti |
durgrâhyatvannṛpatimanasâṁ naikabhâvâçrayâṇâṁ |
sevâ dharmaḥ paramagahano yoginâm apy agamâḥ | 88
guṇâguṇajñeṣu guṇâ bhavanti te nirguṇaṁ prâpya bhavanti doṣâḥ |
susvâdutoyâḥ prabhavanti nadyaḥ samudram âsâdya bhavanty apeyâḥ | 89
svalpe 'pi guṇâ sphîtâ bhavanti guṇasamunnateṣu puruṣeṣu |
çaçinaḥ svetasya gireḥ çikharaṁ prâptâ iva mayûkhâḥ | 90
naçyanti guṇaçatâny api puruṣâṇâm aguṇavatsu puruṣeṣu |
añjanagiriçikhareṣv iva niçâsu candrâṁçavaḥ patitâḥ || 91
kṛtaçatam asatsu naṣṭam subhâṣitaçatam ca naṣṭam abuddheṣu
vacanaçatam avacanake naṣṭaṁ buddhiçatam acetane naṣṭam || 92
naṣṭam apâtre dattaṁ naṣṭaṁ hitam ahitabuddhivijñâne
naṣṭaṁ kṛtam akṛtajñe naṣṭaṁ dâkṣiṇyam aguṇajñe kṛtam || 93
araṇyaruditaṁ kṛtaṁ çavaçarîram udvartitam |
sthale kamalaropaṇaṁ çuciramûṣare varṣitam |
çvapucham avanâmitaṁ badhirakarṇajâpaḥ kṛtas
tadandhamukhadarpaṇaṁ yad abudhe jane sevitaḥ | 94

---

1 D. sâdhv idam 6 G. st. iyam ayam, darnach na svâmi 8 G °vittebhyaḥ st. °koçebhyaḥ — D. parihâryate st. parihîyate 10 D. nirnimittâ° 12 sâkṣâd fehlt in D. 13 G. durgrâhyatvât 14 G. pravaṇâ hi 19 G, °samudyateṣu st. samunnateṣu 20 D. çvetagi° 21 D. avimatsu st. aguṇavatsu 24 G. °vacanakare st. °vacanako naṣṭaṁ — D. buddhiçatavacananaṣṭaṁ || 26 D. akṛtajñe st. aguṇajño 29 G. iva st. avanâmi°.

akâlacaryâ viṣamâ ca goṣṭhîṁ kumitrasevâ na kadâcid ûhyâ
paçyâṇḍajaṁ padmavane prasuptaṁ dhanurvimuktaçareṇa tâḍitam ‖ 95
candanataruṣu bhujaṁgâ jaleṣu kamalâni tatra ca grâhâḥ |
guṇaghâtinaḥ khalu janâ jagatsu na sukhâny avighnâni ‖ 96
ketakyaḥ kaṇṭakair vyâptâ nalinyaḥ paṅkasaṁbhavâḥ |
kuṭilinyo vilâsinyaḥ kva ratnam anupadravaḥ ‖ 97

damanakaḥ | ayaṁ tâvat svâmî vâṅmadhuro viṣamahṛdayo mayâ jñâtaḥ | tathâ ca |

durâd ucchritapâṇir ârdranayanaḥ protsâritârdhâsanaḥ |
gâḍhâlinganatatparaḥ priyakathâpraçneṣu dattâdaraḥ |
antargûḍhaviṣo bahir madhumayaç câtîva mâyâpaṭuḥ |
ko nâmâyam apûrvanâṭakavidhir yaḥ saṁçikṣito durjanaiḥ ‖ 98
poto dustaravârirâçitaraṇe dîpo 'ndhakâragame
nirvâte vyajanaṁ madândhakariṇâṁ darpo paçântyai çṛṇiḥ ‖ 99
itthaṁ tadbhuvi nâsti yena vidhinâ nopâyacintâ kṛtâ
manye durjanacittavṛttiçamane ghâtâpi bhagnodyamaḥ ‖ 100

saṁjîvakaḥ | kaṣṭaṁ bho mama çaspabhakṣaṇasya sakhyaṁ siṁhena nipâtitam | sâdhu cedam ucyate ‖

hutâçanajvâlâ sthitavatî ravâvastaçikhare |
pipâsuḥ kiṁjalkaiṁ praviçati sarojaṁ madhukaraḥ |
tadantaḥ saṁrodhaṁ na gaṇayati sanidhyâ samayajam |
janârthe nâpâyaṁ vimṛçati phalaikântarasikaḥ ‖ 101
kamalamadhunas tyaktvâ pânaṁ vihâya ca vopalam |
prakṛtisubhagâṁ gandhoddâmâm apâsya ca mâlatîṁ |
hatamadhukarâḥ kliṣyanti me kaḍâmbuṣu dantinâm |
sujanam apâhâyaṁ loke khaleṣu hi rajyate ‖ 102
gaṇḍopânteṣv aciranibhṛtaṁ vârimattadvipânâm |
ye sevante navamadhurasâḥ svâdalubdha dvirephâḥ |
te tadkarṇavyajanapavanapreritâ bhinnadehâ |
bhûmiprâptâḥ kamalavivarakrîḍatâṁ vismaranti ‖ 103

saṁjîvakaḥ | tat sarvathâ siṁhakâlamukhaṁ bilaṁ praviṣṭasya me jîvitam eva nâsti | uktaṁ ca |

---

11 D baddhâdaraḥ st. dattâdharaḥ 16 G. yatra st. yena 18 D. kaṣṭaṁ bhoḥ sakhyaṁ siṁhena nipâtitam | 19 D. sâdhubhir idam. 23 G. jan° dinopâyo 24 G. na st. ra 32 G. siṁhakâlâbhimu°.

bahavaḥ paṇḍitâḥ kṣudrâḥ sarve mâyopajivinaḥ
kurvur doṣam adoṣaṁ vâ uṣṭre kâkâdayo yathâ ‖ 104

damanakaḥ | katham etat | so 'bravît |

kathâ 8.

asti kaçmiraçcid vane mahotkaṭo nâma siṁhaḥ | tasya cânucarâḥ trayaḥ santi kâkavyâghragomâyavaḥ | atha tair bhramadbhiḥ sârthavâhâd bhraṣṭa uṣṭro dṛṣṭaḥ | pṛṣṭaç câyaṁ bhavân kvâgataḥ ko bhavân iti | sa câtmavṛttântam akathayat | taiç ca viçvâsaṁ nîtvâ siṁhena samarpitaḥ | tena câbhayavâcaṁ dattvâ kathanaka iti nâma kṛtvâ avasthâpitaḥ | evaṁ kâle gacchati sati siṁhasya kadâciccharîravaikalyât sarve 'py âhârasyâlâbhâd mriyamâṇâs siṁhenâbhihitâḥ | vayam asamarthâ âhâram utpâdayitum | ato yûyam eva âhâram utpâdayantu tenaivâsmâkaṁ sarveṣâm api prâṇadhâraṇâ bhaviṣyatîti | tatas tadvacanaçravât te vanaṁ gatâ itas tato 'py âhâram anveṣamâṇâ na kimcil labhamânâ kathanakam avadan | vayaṁ kâkavyâghragomâyavo mâṁsâçanâ bhavâṁs tu kaṇṭakâçanaḥ | tato 'smâbhiḥ saha mâṁsânveṣaṇâya nâgacchasi | tato bahiṣkâryo bhavân iti taṁ kathanakaṁ bahiṣkṛtya kâkenoktam kathanakam eva vyâpâdayâmaḥ | kim anena kaṇṭakabhujâsmâkam iti | tâv ûcatuḥ | svâminâ siṁhenâsyâbhayavâg dattâ | tad asyâçakyo vadhaḥ | kâkaḥ | mṛtâḥ smaḥ tarhi svâminam evânekopavâsaparikṣiṇam angîkârayâmaḥ | uktaṁ ca |

tyajed ekaṁ kulasyârthe grâmasyârthe kulaṁ tyajet |
grâmaṁ janapadasyârtha âtmârthe pṛthiviṁ tyajet ‖ 105
tyajet kṣudhârthâ mahiṣi svaputraṁ |
bhukte kṣudhârthâ bhujago svam aṇḍam
bubhukṣitaṁ kiṁ na karoti pâpam |
kṣiṇâ narâ niṣkaruṇâ bhavanti ‖ 106

iti niçcitya svâmino 'ntikaṁ jagmuḥ | svâminaḥ purataḥ kâkenoktam | deva na kiṁcit prâptam | siṁhaḥ | ko 'py upâyaḥ

3 In D. fehlt so 'bravît 5 G. kaçcid st. kasmiṁçcid. 7 ayaṁ fehlt in D. 9 D. kṛtvâ st. nîtvâ 10 D. yâkaṁ — D. dattvâ st. kṛtvâ 11 G. sarvam api 13 G. iti nach °pâdayantu — G. yuṣmâkaṁ st. asmâkaṁ 15 te fehlt in D. 17 G. tato vor 'smâbhiḥ 28 G. hi nach tato — taṁ fehlt in D. 19 kâkenedam uktam G. 20 iti fehlt in D. 21 G. ayam st. asya 26 G. mahiṣy api. 30 svâminaḥ vor pura° fehlt in D. 31 na fehlt in D.

kâkaḥ | deva svâdhîne 'py âhâre kiṁ cintayâ | siṁhaḥ | kaḥ svâdhîna âhâraḥ | kâko 'bravît | kathanaka iti | siṁhaḥ | karâbhyâṁ bhûmiṁ spṛṣṭvâ karṇau spṛçatâ mayâsyâbhayavâg dattâ | tat katham etâdṛçam ucyate | tad uktaṁ |

nagopradânaṁ na ca bhûtadânaṁ na cânnadânam na tathât-
madânam
yathâ vadantîha mahâpradânaṁ sarvapradâneṣv abhayapradânam ‖ 107
sarvakâmasamṛddhasya hy açvamedhasya yat phalam |
tat phalaṁ labhate dhîmân traste rakṣite çaraṇâgate ‖ 108
kiṁ ca | na kiṁcit parvatâ bhârâ na kiṁcit saptasâgarâḥ |
svâmidroham idam bhâraṁ bhâro viçvâsaghâtakaḥ ‖ 109

kâka uvâca | tyajed ekaṁ kulasyârthe iti paṭitvâ na câsau svaminâ vyâpâdayitavyaḥ | kiṁ tu vayam eva tathâ kurmaḥ | siṁhaḥ tadvacanaṁ çrutvâ kṣutpîḍitaḥ san hṛṣṭamanâ âha | ayaṁ kathanaka yathâ svayam angîkaroti tathâ kṛtvâ matsamîpaṁ ânayatv iti tuṣṇîṁ sthitaḥ | tato 'sau labdhâvakâçaḥ kuṭilaṁ kṛtvâ sarvân gṛhîtvâgatya kâkenoktam | deva âhâro na prâptaḥ | annârthaṁ svâmin madîyaṁ mâṁsam upabhujyatâm | sa âha | bhadra svalpakâyo bhavân | kim anena bhavati | atha gomâyunâpy evam uktam | tatrâpi siṁhasya tathaivoktiḥ | vyâghra âha | deva kâkagomâyubhyâṁ maccharîraṁ bṛhattamam upabhojyatâm | siṁhaḥ tvadîyena çarîreṇâpi na pûrṇagrâsaḥ | kiṁ tu mṛgântaraçarîrasâpekṣaḥ | atha kathanako 'pi kṛtapratyaya âha | deva maccharîreṇa âtmarakṣaṇaṁ kriyatâm ity uktamâtra eva dvîpigomâyubhyâm udaram vidârya vyâpâditaḥ siṁhena bhakṣitaç ca | ato 'ham bravîmi | bahavaḥ paṇḍitâḥ kṣudrâ iti | punas saṁjîvako damanakam âha | kṣudraparivâre râjani na çivam âçritânâm | uktaṁ ca |

varaṁ gṛdhro haṁsais salilaparituṣṭaiḥ parivṛto |
na haṁsaḥ kravyâdaiḥ pitṛvanavihaṁgair akaruṇaiḥ ‖ 110

---

2 D. kareṇopaspṛ° st. karṇau spṛ° 7 D. manuṣyaloke st. mâhâpradhânam, sarveṣv adâ° st. sarvapradâ° 10 traste fehlt in D. 12 bhâro fehlt in D. 13 uvâca fehlt in G. — D. na câtro st. na câsau — D. vyâpâditavyaḥ 16 D. tad° st. tathâ kṛtvâ 19 G. annârthî 20 D. satyakâyo st. svalpakâ° 21 evoktam G. st. evam uktam — G. siṁhas tathaivoktavân 23 G. upayajjyatâm st. upabhojyatâm 26 udaraṁ vidârya fehlt in D. 28 punas bis âha fehlt in D.

parivâraḥ kṣudro guṇinaṁ câpi puruṣaṁ nayati |
sahâyair akṣudrair bhavati guṇahîno 'pi guṇavân ‖ 111

api ca |

haṁso na bhâti balibhojanavṛndamadhye |
jâtyo na bhâti turagaḥ kharayûdhamadhye ‖ 112
gomâyumaṇḍalagato na bibhâti siṁho |
vidvân na bhâti puruṣeṣu nirakṣareṣu ‖ 113

tat kenâpi râjâ mamopari snehân nivâritaḥ | tathâ ca | damanakaḥ |

ko hi nâma na bhidyeta bhidyamâno durâtmabhiḥ
paropakâravyâpâratrâṇîkṛtamukhair naraiḥ ‖ 114

na bhedam upagato 'pi bhettavyo râjâ |

vajraṁ ca râjatejaç ca dvayam evâtibhîṣaṇam |
ekam ekatra patati pataty anyat samantataḥ ‖ 115

tad atramṛtyoḥ saṁgrâmamṛtyur eva çreyân | tad râjânuvartanam ayuktam | uktaṁ ca |

guror apy avaliptasya kâryâkâryam ajânataḥ |
utpathapratipannasya parityâgo vidhîyate ‖ 116
caturthopâyasâddhye tu çatrau sântvam apakriyâ |
svedyamâmajvaraṁ prâjña ko 'mbhasâ pariṣiñcati ‖ 117
yajñaiç câsanikhyair api yâṁç ca lokân |
svargaiṣiṇo dânaçataiç ca yâṁç ca |
kṣaṇena tân apy abhiyânti dhîrâḥ |
prâṇâni yuddheṣu parityajantaḥ ‖ 118
prâṇâç ca kîrtiç ca parichidaç ca |
sarve 'pi yuddhena hi rakṣaṇîyâḥ
yuddhe viçistaṁ maraṇaṁ nârâṇâṁ |
dviṣadvaçe jîvati yo mṛto 'sau ‖ 119
mṛtâḥ prâpsyanti vâ svargaṁ çatrûn hatvâ sukhâni vâ |
ubhâv api hi çûrâṇâṁ guṇâv etau na durlabhau ‖ 120

yuddhakâlaç câyam |

---

4 D. aṁho st. haṁso   8 D. abhicâritaḥ st. nivâritaḥ   11 G. °ghâta° statt °kâra°   20 Vers 119 fehlt in D.   21 D. yajñâdisaṁdhair pariyânti   24 D. prâṇân hi — D. parityajanti   25 G. pathi sthitaç ca für parichidaç ca   29 D. mṛtaḥ prâk prâpsyâmi.

yatra yuddhe dhruvo mṛtyuḥ yuddhe jîvitasaṁçayaḥ |
taṁ eva kâlaṁ yuddhasya pravadanti manîṣiṇaḥ ‖ 121

damanakaḥ | çatror vikramam ajñâtvâ vairam ârabhate tu yaḥ
sa parâbhâvam apnoti samudra iva ṭiṭṭibhât ‖ 122

saṁjîvakaḥ | katham etat | damanakaḥ |

kathâ 9.

atha samudratîre ṭiṭṭibhadaṁpatî prativasataḥ sma. ṭittibhy âsannaprasavakâlâ bhartâram uktavatî | nâtha prasavayogyaṁ sthânam anveṣyatâm | sa âha | nanv etad eva sthânam | sâbravît | samudravelâyâṁ sâpâyam idaṁ sthânam | so 'bravît | bhadre samudro mayâ saha vairaṁ kartum asamarthaḥ | sâbravît nâtha tava samudrasya ca mahad antaram |

duḥkham âtmâ paricchettum evaṁ yogyo na vetti vâ |
asti cen mativijñânaṁ sa kṛcchre 'pi na sîdati ‖ 123
mitrâṇâṁ yo hitaṁ vâkyaṁ nâbhinandati mûḍhadhîḥ |
sa kûrma iva durbuddhiḥ kaṣṭhâd bhraṣṭo vinaçyati ‖ 124

ṭiṭṭibhaḥ | katham etat | sâha |

kathâ 10.

kasmiṁçcit sarasi kambugrîvo nâma kacchapo vasati sma | tasya ca dvau suhṛdau vikaṭasaṁkaṭanâmânau haṁsau tatraiva vasataḥ | tâv anâvṛṣṭiparikṣiṇâv anyonyam ûcatuḥ | idam alpapânîyaṁ saraḥ | anyaj jalâçayam açoṣyaṁ gacchâvaḥ | idaṁ tu priyasuhṛdi kambugrîve kathyatâm iti kathite ca sati tenoktaṁ | yuvâm pakṣicâriṇau mayâ deçântaraṁ kathaṁ gantavyam iti | tâv ûcatuḥ | tvaṁ yady asmadvacanân na calasi tadâ tvâm api nayâvaḥ | âvâbhyâṁ priyasuhṛdbhyâṁ tvaṁ nîyamânaḥ kim api na vadiṣyasîty uktvâ yaṣṭim ânîya gaditaḥ | imâm yaṣṭiṁ madhye daçanair gâdham gṛhâṇâvâm apy antayor gṛhîtvâ yâsyâvaḥ | evam âcarite pratyâsanne sarasi tad apûrvaṁ dṛṣṭvâ janaiḥ kim idam iti kalakalaḥ kṛtaḥ | tacchrutvâ

3 D. fehlt damanakaḥ — H. hi st. tu 7 prati° — sma fehlt in D. 9 D. astu st. nanu 11 G. sârdhaṁ st. saha — G. vigrahaṁ st. vairaṁ 14 D. st. sa: na, st. na: hi 17 D. ṭiṭṭibhî st. sâha 19 G. atha vor kasmiṁçcit 20 ca fehlt in D 25 na fehlt in D. 29 G. nagare st. sarasi.

so 'bravît | ko 'yaṁ kalakala ity ucyamâna eva kaṣṭhâd bhraṣṭo nipatitaḥ | mâṁsalubdhaiç ca vyâpâditaḥ | ato 'haṁ bravîmi | mitrâṇâṁ yo hitaṁ vâkyam iti | punaḥ sâha |

anâgatavidhâta ca pratyutpannamatiç ca yaḥ |
dvâv etau sukham edhate yadbhaviṣyo vinaçyati || 125

ṭiṭṭibhaḥ | katham etat | sâbravît |

kathâ 11.

asti kasmiṁçcit sarasi matsyatrayam anâgatavidhâtâ-pratyutpannamatir yadbhaviṣyaç ceti | tatrânâgatavidhâtâ kadâcid matsyaghâtakânâṁ vacanaṁ çrutavân | idam alpapanîyaṁ saraḥ | tad atra matsyân vyâpâdayâma iti çrutvâ tadvayasyâv avâhûtâv abravît | ito 'nyat saro gamyatâm iti | tâv ûcatuḥ katham iti | anâgatavidhâtâha | alpapanîya asmin sarasi matsyân vyâpâdayâma iti matsyaghâtakair uktaṁ tad mayâ çrutam | ato 'nyaj jalâçayaṁ gamiṣyâmaḥ | pratyutpannamatis tv âha | kiṁ dûracintayâ | utpanne kârye cintayâmaḥ | tathâ coktam |

utpanneṣu ca kâryeṣu buddhir yasya na hîyate
sa nistarati kâryâṇi gopî jâradvayaṁ yathâ | 126

tâv ûcatuḥ | katham etat | pratyutpannamatir âha |

kathâ 12.

asti kasmiṁçcid paṭṭane ṣoḍaçavarṣâṇî padmâvatî nâma dharṣaṇî gopabhâryâ | sâ ca kenacid daṇḍapâlakena tatputreṇa ca ramate | tasyâṁ kadâcid daṇḍapâlakaputreṇa saha krîḍantyâṁ daṇḍapâlako 'py âyâtaḥ | taṁ dṛṣṭvâ tatputraṁ kusûle nikṣipya sâ tenâpi samaṁ tathaivâkrîḍayat | atha tasyâ nijabhartâpy âyâtaḥ | taṁ dṛṣṭvâ pratyutpannamatir gopî daṇḍapâlakam âha | nijabhartâ samâgata iti | daṇḍapâlaka âha | kiṁ karomi kva yâsyâmiti | sâbravît | tvaṁ kopaṁ nâṭayan çighram eva gaccha | tathâ tenânuṣṭhite gopâlenâgatya bhâryâ pṛṣṭâ

1 D bhadra vor ko 'yaṁ 2 G. hat ca nach vyâ° 6 sâbravît fehlt in D. 10 D. matsyapânîyaṁ 11 tad° fehlt in D. 13 G. vor alpapâ° idam 14 iti fehlt in D. 15 D. anyaṁ ja° 22 dharṣaṇî fehlt in D. 24 gopâlabhâryâ G. 25 G. cikrîḍa st. akrîḍayat 27 âha fehlt in D. 28 D. °vît | bṛhat kopaṁ ânayitvâ bhâṣaṇam eva çi°.

kiṁ kâryam atra daṇḍapâlaka âgataḥ | sâbravît | ayaṁ kenapi kâraṇena putrasyopari kruddhaḥ | sa ca putro mâryamâṇaḥ palâyyâgatya gṛhaṁ praviṣṭaḥ | mayâpi kusûle nikṣipya rakṣitaḥ pitrânviṣyamâṇo na dṛṣṭaḥ | tato 'yaṁ kruddha eva gacchati | tataḥ sâ tatputraṁ kusûlâd uttârya darçitavatî | gopâlaç ca taṁ dṛṣṭvâ bhâryâṁ samânîtavân | ato 'haṁ bravîmi | utpanneṣu ca kâryeṣv iti | yadbhaviṣyaç caitad vacanam anâdṛtyaiva sthitaḥ | anâgatavidhâtâ ca bahupânîyaṁ taṭâkântaraṁ gatavân | anyedyur matsyaghâtakâir âgatya tasmiṁç ca sarasi jâlaṁ vitatyâsthitam | taṁ dṛṣṭvâ pratyutpannamatir âtmânaṁ mṛtam iva kṛtvâ sthitaḥ | kaivartaiç ca svayaṁ mṛta iti matvâ srotassamîpe sthâpitaḥ | tato 'sau srotojalântaraṁ sahasaiva gataḥ | yadbhaviṣyas tu kiṁkartavyatâmûḍhamatir itas tato bhramamâṇo jâlair baddhvâ laguḍair vyâpâditaç ca | ato 'haṁ bravîmi | anâgatavidhâtâ ceti | atha tasmin eva sthâne ṭiṭṭibhî prasutâ | samudreṇâpi tasya çaktijijñâsayâṇḍâny apahṛtâni ṭiṭṭibhî câtiçokâkulâ bhartâram âha | kaṣṭam âpatitam | svâmin tîre mamâṇḍâni na santi | so 'bravît | mâ bhaiṣîr ânayâmîty uktvâ pakṣirâjânaṁ gataḥ | praṇamyâbravît | aṇḍâni naṣṭâni me svâmin | tato parirâḍ garuḍaḥ tadvṛttântaṁ çrutvâ svajâtipakṣisaṁghâṅ melayitvâ viṣṇum eva taiḥ saha gataḥ | sarvaiç ca praṇamya vijñâpitaṁ viṣṇave bhagavate tenâpi pakṣiṇaṁ dṛṣṭvâ vihasya samudro 'bhihitaḥ | samarpayâsyâṇḍâni | tenâpi bhagavadâjñâni niveditâni | ato 'haṁ bravîmi | çakror vikramam ajñâtveti | saṁjîvako viditvâ damanakam âha | kas tasya yuddhakrama iti | sa âha | yadâ sa stabdhakarṇas samunnatalâṅgûlacaraṇo vikṛtâsyaḥ sthâsyati sa eva yuddhakramaḥ | tad eva tvam api jñâtvâ vyâhariṣyasi | damanaka evam uktvâ karaṭakaṁ pratigataḥ | tenâbhitam | kiṁ niṣpannam iti | sa âha | niṣpanno 'sâv anyonyabhedaḥ | uktaṁ ca |

---

1 D. °pâlakenâgatam 3 palâyya fehlt in D. 5 G. avatârya 7 D. yadbhaviṣyaç ca tadva° 8 ca fehlt in D. 9 G. prakṣipyamânaṁ st. vitatya — âsthitam fehlt in G., ebenso taṁ 11 kaivartakaiç G. — D. fehlt srotas 13 °kartavyatâmûḍham itas D. 15 G. anantaram st. atha 17 G. akâṇḍe st. tîre, svâmin nach santi 18 G. pakṣiṇâm âlâpam kṛtvâ pakṣiṇâm samûhaṁ kṛtvâ sahasâ pakṣirâjasamîpaṁ gataḥ | pakṣirâḍ garuḍaḥ tadvṛ° — çru° svajâtipakṣapâtât tvarayâ viṣṇum eva taiḥ saha gataḥ | sarvaiç ca praṇamya vijñâpitaṁ viṣṇave (l. 21) 23 G. deyâjñayâ nivedi° 25 G. yathâ 26 D. samutpannanata° 28 G. evaṁ n° da° — G. gatvâ st. pratigataḥ.

bhinnaḥ kila tathâ samyak prahito hi yathâ mayâ |
ko hi nâma na bhidyeta bhidyamâno durâtmabhiḥ || 127

damanakaḥ piṅgalakasamîpaṁ gatvâ pûrvam âkhyâtam âcâraṁ kârayâm âsa | saṁjîvako 'py âgataḥ tathâvidhaṁ kruddhaṁ siṁhaṁ dṛṣṭvâ svavikrameṇâbhipatitaḥ | tatas tayor anyonyaṁ baddhamarṣayor yuddham uddhatam abhût | taṁ dṛṣṭvâ karaṭako damanakam âha | durâtman | tvaddurmantravilasitâny anubhavati svâmî |

mûḍhasântvaṁ prayoktavyam âdau kâryaṁ vijânatâ |
sâmasiddhâ hi vidhayo na tu yânti parâbhavam || 128
yady apy upâyâç catvâro 'bhihitâḥ kâryasiddhaye
saṁkhyâmâtraṁ phalaṁ teṣâṁ siddhiḥ sâmni vyavasthitâ || 129
na mayûkhaiç ca ratnânâṁ nâtapena na vahninâ |
çântaiva vilayaṁ yânti vidveṣiprabhavaṁ tamaḥ || 130
sâmâdidaṇḍaparyanto nayo dṛṣṭaç caturvidhaḥ |
teṣâṁ daṇḍas tu pâpîyâṁs tasmât taṁ parivarjayet || 131

yo hi mantriputra ity avalepaḥ so 'py âtmavinâçâya yato 'yaṁ svâmî mahatyâm âpadi praviṣṭo vartate | tat prathamaḥ prakâraç cintyatâm | tathâ ca |

mantriṇâm abhinnasandhâne bisajâṁ sâṁnipâtike
karmaṇi vyajyate prajñâ svârthe ko vâ na paṇḍitaḥ || 132

kṛcchragataṁ svâminaṁ dṛṣṭvâ punaḥ karaṭaka âha | kaṣṭaṁ bho kim idam âpatitam anayor asya durupadeçena | tathâ ca |
narâdhipâ nîcapathânuvartino buddhopadiṣṭena pathâ na yânti ye |
viçanti te vargam amârganirgamaṁ saṁpâdayanty artham anarthapañjaram || 133

sarvathâ tvayâ svâmino guṇavatsahâyatâ na pratipâditâ | tathâ ca |

guṇavân apy asanmantrî sâdhubhir nâdhigamyate |
prasannaḥ svâdusalilo duṣṭagrâha iva hradaḥ || 134

---

2 G. st. durâtma° niṣi . . . iḥ 5 D. blos vikra° 6 D. abhavat st. abhût 7 D. st. tvaddu°: te durmantriṇo vi° 10 D. annuyâ° st. na tu yâ° 15 D. sâmâdidaṇḍaparyantâ upâyâç cec caturyuddhâḥ 18 mahatyâm fehlt in D. 21 D. suṣṭhe loke st. prajñâ svârthe 22 punaḥ fehlt in D. 25 G. te durgamanirgamâgamam 26 D. °rûpiṇam st. pañjaram 29 G. nṛpatir nâdhi° st. sâdhu° 30 D. drumaḥ st. hradaḥ.

tvam apy âtmavibhûtyarthaṁ viviktaṁ kartum icchasi |
âkîrṇaḥ çobhate râjâ na viviktaḥ kadâcana |
ye yaṁ viviktam icchanti te tasya ripavas smṛtâḥ |
puruṣe hitam anviṣyan yaç ced asty amṛto hiṁsaḥ 135
madhure çâṭyam anviṣyan yaç ced asti visaṁ hiṁsaḥ |
atha parâhitabuddhyâ cet tvaṁ pravartamâno na || 136

buddhimân asi tvam | yataḥ |

çâṭyena mitraṁ kaluṣeṇa dharmaṁ paropatâpena samṛddhabhâvam |
sukhena vidyâṁ puruṣeṇa nârîm vâñchanti ye satyam apaṇḍitâs te 137

tasmât svâmiprasâdârthinaḥ puruṣasya vinaya eva çobhanam | tathâ hi |

yadâ yadâ prasâdena bhartâ bhṛtyeṣu vartate |
tadâ tadâ svaçaṁ kasya gatir nîcaiva çobhanâ || 138

sâdhu cedam ucyate |

anadhîtyârthaçâstrâṇi bahavaḥ paçubuddhayaḥ |
prâgalmyâd vaktum icchanti mantreṣv abhyantarîkṛtâḥ || 139

tvad anuṣṭhânena tvatpitâpi tvatsadṛça ityanumîyaḥ | yataḥ |

avaçyaṁ pitur âcâram putras tam anuvartate |
na hi ketakivṛkṣasya bhavaty âmalakam phalam || 140

kiṁ tavopadeṣṭavyam |

nânâmyaṁ namyate dâru çastreṇâçmâ na dhyutite |
sucîmukhaṁ vijâniyât svanâçâyopadeçikam || 141

damanakaḥ | katham etat | so 'bravît |

kathâ 13.

asti kasmiṁçcid vane çîtârtaṁ vânarayûtham khadyotâgnau prapatan âste | tatra sucîmukhaḥ pakṣî vânarakarṇayor evam

4 D. madhuraṁ çântim st. pu° hi° 6 atha fehlt in G. — D. ca st. cet 7 tvam | yatah | fehlt in D. 8 D. kapaṭena st. kaluṣena 10 G. nûnam st. satyam 14 D. yadâ ya°, G. yathâ yathâ 15 G. tathâ ta° — D. nîtaiva, G. vartate st. çobhanâ 15 sâdhubhir idam D. 17 D. prabhubuddhayaḥ 18 D. mitreṣv 19 api fehlt in D. — G. anumitaḥ st. anumîyaḥ — yataḥ fehlt in D. 23 D. çastrâṇy api namâmi te (?) 24 °padeçakam D. 28 G. pratyapatat st. pra° âste — G. atra st. ta° — G. punaḥ vor vânara° — evam fehlt in D.

yo 'yam abhidhatte nâyam vahniḥ khadyotagaṇo 'yam iti vadann anena kupitena vânareṇa çâlânte paryâropya vyâpâditaḥ ato 'haṁ bravîmi | nânâmyaṁ namyata iti | tathâ hi |

na prajñayâ visâriṇyâ yo balena dhanena vâ |
dhuraṁ vahati bhoktasya jananî tena putriṇî || 142
âpâdamûlasaudaryaḥ ko 'haṁ nâma na vidyate
atyantapratipattyâ tu saṁyukto durlabho janaḥ || 143

ity ucyamâno damanako na kiṁcid ûce |

bhinnasvaramukhavarṇaḥ çaṅkitaduṣṭhiḥ samutpannadehaḥ |
bhavati hi pâpaṁ kṛtavân sa karmaṇâ trâsitaḥ puruṣaḥ || 144

sâdhu cedam ucyate |

duṣṭabuddhir dharmabuddhir dvâv etau vaṇijâtmajau |
putreṇa câtipâṇḍityât pitâ dhûmena mâritaḥ || 145

damanakaḥ | katham etat | so 'bravît |

kathâ 14.

asti kaçmiṁçcit paṭṭaṇe priyasuhṛdâv ubhau vaṇikputrau vasataḥ | tâv arthârjanâya duṣṭabuddhidharmabuddhinâmânau deçântaraṁ gatau | tatra dharmabuddhinâ kiṁcit kâlâd eva dînârasahasraparipûrṇabhâṇḍaṁ prâptam | kutaḥ prâptam iti cet | tatra nagare kâcid gaṇikâ bahudravyabhûṣaṇavatî tiṣṭhati | duṣṭabuddhiḥ tasyâ gṛhadvâre sâyaṁkale sthitavân | tad gaṇikâyâ jananî bahirgatyâmuṁ vaiçyasutam apṛcchat | ko bhavân kvâgata iti | ahaṁ mahilâropyanagare vaiçyatanayo duṣṭabuddhir iti mamâbhidhânam | sâ ca tathaiva tadvacanaṁ çrutvâ tasya saudaryapaṭâṭopaṁ dṛṣṭvâ taṁ gṛhaṁ praveçayâm âsa | praviṣṭaḥ so 'pi kiyantaṁ kâlaṁ tatsutayâ saha krîḍan sthitaḥ | dharmabuddhis tu tasmin eva nagare nadîpravâhâpasâritam mṛttikâyâṁ dînârapûritabhâṇḍam apaçyat | paçyan eva gatvâ vijane çîghraṁ tad gṛhitavân | gṛhîtvâ tûrṇam âgatya sauhâr-

2 D. âruhya st. âropya — G. pâtitaḥ st. vyâpâ° 3 D. tato 'haṁ — G. fehlt namyata 6 G. °mâtra° st. °mûla° 7 saṁyukto fehlt in G. — Vor janaḥ in G. hi khalu 10 G. kṛtvâ st. kṛta° 12 D. subuddhiç ca 14 D. âha st. so 'bra° 16 G. dvau st. ubhau 17 G. tiṣṭhataḥ st. vasataḥ 20 °dravya° fehlt in D. 23 G. vor nagare nâma 24 G. madîyâbhidhâ° — G. tathâ st. tathaiva 26 D. tatratayâ st. tatsutayâ 28 G. °paripûrita° 29 tad fehlt in G.

dâtiçayâd dharmabuddhinâ duṣṭabuddhir abhihitaḥ | vayasya mayâdya sahasradînârâḥ prâptâḥ | tân eva gṛhîtvâ samaṁ nagaraṁ gacchâvaḥ duṣṭabuddhinoktam | bhadra mayâ na prâptâ dînârâḥ | ahaṁ deçântaraṁ gatvâ dhanam ârjayitvâ gamiṣyâmi | tvaṁ dînârân gṛhîtvâ gaccha | mârge corâdhiṣṭhite sâvadhâno dhanaṁ guptaṁ kurv iti | dharmabuddhis tadvacanaṁ çrutvâ jâtabhîtiḥ san tvam api mayâ sahaivâgaccha dhanârdhaṁ tvadîyam ity uktavân | ubhâv api svakîyanagaraṁ pracalitau | nagarasamîpe duṣṭabuddhinâbhihitam | bhadra sarvân dînârân ihaiva vṛkṣamûle nikṣipya kâṁçcid gṛhîtvâ gṛhaṁ praviçâva iti | tadâ dharmabuddhinoktam | yathâha bhavân tathâ karotv iti | vṛkṣamûle gartâṁ kṛtvâ tatra nikṣipya svagṛhaṁ praviṣṭau | tataç câtisnehena carataḥ | kiyatâ kâlena duṣṭabuddher adhârmikatayaiṣâ buddhir utpannâ | aham eka eva nibhṛtaṁ gatvâ tân dînârân utpâṭya gṛhṇâmîti | evaṁ niçcitya râtrau gatvâ gṛhîtavân | tataḥ katipayadivasaiç ca duṣṭabuddhinâ dharmabuddhir abhihitaḥ | he vayasya dînârâ vṛkṣamûle sthâpitâç ciraṁ na dṛṣṭâs | tân gṛhîtvâ gacchâva iti | tenâpi sauhârdât tathaivoktvâ ubhâv api vṛkṣamûle gatvôtpâṭyamâne yadâ na dṛçyate tadâ tvayâpahṛtam iti parasparavivâdaṁ kṛtvâ ubhâbhyâm api râjakule niveditaṁ | dharmâdhikâribhiḥ pañcadivasân adhikṛtam | tadâ ca duṣṭabudhinâbhitam | sâkṣî mamâsti | idânîṁ, pṛcchyatâm | tair uktam | kaḥ sâkṣî | so 'bravît | yasyaiva vṛkṣasya mûle sthâpitaṁ dhanaṁ sa eva vṛkṣaḥ sâkṣî | tair dharmâdhikṛtair vismayâd abhihitam | bhavatu |*parasmin dine pratipâdayiṣyasîti visarjitau | duṣṭabuddhinâ gṛhaṁ gatvâ pitâ yâcitaḥ tâta hastagatadînârâḥ tava vâṅmâtreṇa bhaviṣyanti | pitâha | katham iti asâv âha kasmiṁçcid vṛkṣakoṭare ratrau praviçyâdṛçyena bhavatâ sthiyatâm | prâtar dharmâdhikṛtaiḥ pṛṣṭena dharmabuddhinâ gṛhîtam iti vyavasitaṁ vaktavyam | pitâha naṣṭâv âvâm | vinaṣṭam asmatkulam | yat kâraṇam |

2 G. mayâṣṭasahasra° — samaṁ fehlt in D. 3 G. tenoktam st. duṣṭa° 6 dhanaṁ fehlt in G. 7 D. °vacanântaraṁ jâta° 8 D. sarvadînâ° 11 G. praviçâva iti | yathâha bhavân tathâ kurv iti. 13 D. gatvâtisnehena 14 eka fehlt in D. — G. tûrṇaṁ st. nibhṛtaṁ 20 ubhâbhyâm api fehlt in G. 23 yasyaiva fehlt in D. 24 dhanaṁ fehlt in D. 26 D. st. yâcitaḥ: (pâ)=iditaḥ 28 G. asmin vṛkṣa° 29 G. hat nicht bhavatâ — D. für sthîyatâm: stheyam — D. pṛṣṭe adṛṣṭena 30 D. fehlt vyavasitam.

upâyaṁ cintayet prajña apâyam api cintayet |
paçyata bakamûrkhasya babhruṇâ bhakṣitâḥ sutâḥ || 146

putra âha | katham etat | pitâha |

kathâ 15.

kasmiṁçcid vṛkṣe kâkadaṁpatî prativasataḥ | tayoç ca yâvânty apatyâni bhavanti tâvânty eva sarpo bhakṣayati sma | atha punaḥ prasûtâyâṁ bhâryâyâm apatyâni kathaṁ jîviṣyantîty udvigno bakaḥ sarastîraṁ gatvâcintayat | tatra priyakulîreṇa dṛṣṭaḥ pṛṣṭaç ca | kim udvigno bhavân iti | so 'py açeṣavṛttântam akathayat | asâv âha bhadra upâyaṁ te kathayâmi | asmin vane nakulo vasati | tadvivarâd ârabhya sarpavivaraparyantaṁ matsyân vikira | tathaivânuṣṭhite babhruḥ svavivarâd nirgatya matsyapanktiṁ bhakṣayitvâ sarpam apy abhakṣayat | tathaiva tadapatyâni sa câbhakṣayat | ato 'haṁ bravîmi | upâyaṁ cintayed iti | tacchrutvâ lobhâkrântena duṣṭabuddhinâ pitâ balena bile nikṣiptaḥ | prabhâte dharmâdhikṛtân gṛhîtvâgatya dharmavacanaiḥ çrâvite vanaspater antarân nisṛtâ vâk | dharmabuddhinâ tad dhanaṁ gṛhîtam ity etacchrutvâ dharmabuddhir acintayat | katham etad alaukikam asatyaṁ câpatitam | tad aham nirûpayâmîti | nirûpite vṛkṣakoṭaraṁ dṛṣṭvâ tatrâgniṁ nikṣiptavân | anantaraṁ duṣṭabuddheḥ pitârdhadagdho niṣpatitaḥ | tataḥ savismayaiḥ sarvaiḥ pṛṣṭas | tenoktam | kûṭakâriṇâ duṣṭabuddhinetthaṁ kârito 'smîti vadan eva pañcatvam upagataḥ pitâ | duṣṭabuddhiç ca râjñâ vṛkṣaçûle nikṣiptaḥ | ato 'haṁ bravîmi | duṣṭabuddhir iti | ity âkhyâya punaḥ karaṭako damanakam âha | atipâṇḍityâd vinâçitam asmatkulam | tathâ ca |

lavaṇajalântâ nadyaḥ stribhedântâni bandhuhṛdayâni |
tat piçunântaṁ guhyaṁ duṣputrântâni ca kulâni || 147

mamâpi tava caritâd bhayaṁ | yataḥ |

mâgâḥ piçunavisraṁbhamadharme pûrvasaṁskṛtaḥ |
cirakâlo 'pi jîrṇo 'pi daçaty eva bhujaṁgamaḥ || 148

---

1 cintayet fehlt in D. 5 D. vasataḥ sma 7 D. jîviṣyâmi 9 D. asâv api vṛttântam — D. sa âha — G. asmin vane nakulavivarâd 12 G. für babhruḥ: nakula — D. matsyân 15 D. etacchru° 18 D. tacchrutvâ 19 G. âpaditaṁ ca — G. apâditam st. âpatitam — G. tathâhaṁ 21 D. für niṣpatitaḥ: niḥsṛtya patitaḥ 27 D. stribheditâni 30 D. °satkṛtaḥ st. saṁskṛtaḥ.

vidvân ṛjubhir upâsyo 'viduṣi çaṭhe vâ bhâvyam |
mûrkha ṛjubhir agamyo mûrkhais saṁgas sadâ tyâjyaḥ || 148[a]

tat sarvathâ svâminam apîmâṁ daçâm nayatas tava tṛṇâyate sarvaḥ | uktam ca |

tulâṁ lohasahasrasya yatra khâdanti mûṣikâḥ |
tatraiva ca harecchyeno dârakaṁ ko 'tra vismayaḥ || 149

damanakaḥ | katham etat | karaṭakaḥ |

kathâ 16.

asti kasmiṁçcit paṭṭaṇe kṣîṇavibhavo vaṇiksutaḥ | sa ca priyasuhṛdi dravyârjanâya lohasahasrasya tulâṁ nikṣipya deçântaraṁ gataḥ | sa ca mandabhâgyatayâ kiṁcid aprâpya nivṛttaḥ | suhṛdaṁ lohatulâm ayâcata | asâv api lubdho 'bravît | sâ mûṣikair bhakṣiteti | asâv acintayat | kim idaṁ pûrvam | lohasahasrasya tulâ mûṣikair bhakṣiteti | tadanantaraṁ snânârthaṁ tailâdikaṁ tatputreṇa grâhayitvâ snâtuṁ gataḥ | tatra tasya putraṁ guptaṁ kṛtvâ tadgṛham âgataḥ | kvâsau dâraka iti pṛṣṭvâsâu çyenenâpahṛta ity abravît | tacchrutvâ dârakapitâ dharmasthânaṁ gatvâ trâyadhvaṁ trâyadhvaṁ mama putro 'nena durâtmanâ vinâçita iti dharmâdhikṛtânâṁ purato jagâda | atha dharmâdhikṛtaiḥ pṛṣṭo vaṇikputra âha | çyenenâpahṛta iti | taiç câbhihitam | katham etad alaukikam iti | asâv âha | kim atra citram | lohasahasrasya tulâ mûṣikair bhakṣitety etan mahad âçcaryam | çrutvâ dharmâdhikṛta apahṛtapitaram abravît | are kim ucyate | so 'bravît | dhanârjanâyâsmadgṛhe lohasahasrasya tulâṁ nikṣipya gatavân | gate ca tasmin kadâcid mûṣikâs tâm âjahruḥ | tacchrutvâ vihasya lohasahasratulâm asmai samarpayatv ayam api dârakam ânîya te prayacchatv iti | tatas tau tathaivânuṣṭhitavantau | ato 'haṁ bravîmi | tulâṁ lohasahasrasyeti | athavâ |

tasyopadeçasya phalaṁ sakṛd uktaṁ hi vetti yaḥ |
tvaṁ tu pâṣâṇa niçceṣṭa upadeço nirarthakaḥ || 150

---

1 G. çame vâ pramâdinâ, D. çaṭhe vâ pramâdinâ bhâvyam 6 G. gajaṁ tatra harecchyeno dârake 7 G. tat katham st. katham etat 10 vor deçântaraṁ hat D. noch einmal dhanârjanâya 11 D. priyasuhṛdam 13 D. pûrvaṁ kalpyam 14—20 in G. fehlt: iti bis °kṛtaiḥ 19 in D. fehlt — (âdhikṛtâ)nâṁ purato — pṛṣṭo excl. 25 kadâcid fehlt in D. 26 asmai fehlt in D. 30 D. iti niçcitya st. niçce°.

atas tvayâsmâkaṁ saṁgo 'py anucitaḥ | yataḥ |

labhate puruṣas tâṅs tân guṇâguṇân sâdhvasâdhusampatharân |
nânâdeçavihârî pavana iva çubhâçubhân gandhân || 151

api ca |

yadi kâryam eva tan na buddhas tatra matiṁ prayojayet |
parayâpi tṛṣâ prabâdhitair na hi vathyâgatam ambu pîyate || 152

ity uktvâ karaṭakadamanakau piṅgalakasamîpaṁ gatau | piṅgalakaç ca saṁjîvakaṁ vyâpâdyântaḥçokaç câvâtiṣṭhat | damanakam âha | kaṣṭaṁ idaṁ dâruṇaṁ karmâpatitam | uktam ca |

itas sa daityaḥ prâptaçrîr neta evârhati kṣayam |
viṣavṛkṣo 'pi saṁvardhya svayaṁ bhettum asâmpratam || 153
bhṛttyaikadeçasya guṇânvitasya bhṛttyasya vâ buddhimataḥ praṇâçaḥ |
bhṛtyapraṇâçân maraṇaṁ nṛpâṇâṁ naṣṭâpi bhûmiḥ sulabhâ na bhṛtyâḥ || 154

damanakaḥ | svâmin nyâyâd evârâtiṁ hatvâ saṁtoṣaḥ kriyate uktaṁ ca |

pitâ vâ yadi vâ bhârtâ putro vâ yadi vâ suhṛt
prâṇadrohakaro râjñâ chetavyo bhûmim icchatâ || 155
râjâ ghṛṇî brâhmaṇas sarvabhakṣaḥ strî câvaçâ duṣprakṛtis sahâyaḥ |
bhṛtyaḥ pratîyo 'dhikṛtaḥ pramâdo tyâjyâmî yaḥ sukṛtaṁ na vetti || 156
martyaprakṛtinâ çakyaṁ râjyam râjñâ praçâsitum
ye hi doṣâ manuṣyâṇâṁ ta eva nṛpater guṇâḥ || 157

api ca |

satyânṛtâ ca paruṣâ priyavadinî ca |
hiṁsrâ dayâlur api cârthaparâ vadânyâ |
nityavyayâ pracuranityadhanâgamâ ca |
veçyâṅganeva nṛpanîtir anekarûpâ || 158

iti damanakena paritoṣitaḥ svaprakṛtiparivṛtaḥ pûrvavat piṅgalako râjyasukham anubhavan âste |

iti mitrabhedo nâma prathamatantraṁ samâptam ||

---

9 G. st. °patitam — âpâditam — Vers 155 fehlt in D. 12 G. praṇâçe st. praṇâçaḥ 14 D. naṣṭânubhûtis st. naṣṭâpi bhûmiḥ 16 G. saṁtâpaḥ st. samto° 24 G. manuṣya st. martya° 31 piṅgalakaḥ fehlt in G.

Athedânîṁ mitraprâptir nâma dvitîyaṁ tantram ârabhyate asyâyam âdyaçlokaḥ |

asâdhanâ vittahînâ buddhimantaḥ suhṛttamâḥ |
sâdhayanty âçu kâryâṇi kâkakûrmamṛgâkhavaḥ || 1

râjaputrâ ûcuḥ | katham etat | brâhmaṇo 'bravît | kasmiṁçcid vane mahilaropyanagarasamîpe mahân çâlmalivṛkṣo 'sti | tatra laghupatanako nâma vâyasaḥ prativasati sma | sa kadâcit prâtaḥsamaye kṛtântam ivâparam atikrûram atipâpamatiṁ ghoraṁ vyâdham apaçyat | taṁ dṛṣṭvaiva samacintayat | kim ayaṁ duṣṭâtmâ kariṣyatîti | âstâṁ tâvad âhârakriyâ | evam eva paritarkayâmîti | asâv api jâlaṁ vitatya dhânyakaṇân vikîrya nibhṛtam avasthitaḥ | atha tatra citragrîvo nâma kapotarâjas saparivâro jâlamadhyagatadhânyakaṇapralobhâd adînamatir tasminn apatat | tatra ca jâlapâçair niravaçeṣaṁ baddham lubdhako 'pi taṁ dṛṣṭvâ hṛṣṭamanâ adhâvat | citragrîvo 'py âtmânucarân âha | apâya eṣa mahân asmâkam âpatitaḥ | eka evâtra pratikâraḥ | sarvair ekîbhûyotpatya dûraṁ gamyatâm | tathaiva tadvacanât tair anuṣṭhitam | lubdhako 'py apûrvam iti vicintya dhâvan evam vicârayâm âsa |

saṁhatâs tu harantîme mama pâçaṁ vihaṁgamâḥ |
yadâ tu nipatiṣyanti vaçam eṣyanti me tadâ || 2

citragrîvo 'pi tam âyântaṁ dṛṣṭvâ sudûram utplutyâtmîyaiḥ çighraṁ gataḥ | laghupatanako 'pi koṭarâd âhâram anapekṣyaiva kapotavṛndam anugataḥ | lubdhako 'pi bahudûraṁ gatvâ jâlaṁ ciraṁ na labhan (sic) niḥçvasya nivṛttaḥ | citragrîvo 'tha tân evam âha asti me suhṛddhiraṇyako nâma mûṣikaḥ sa câtra prativasati | tatra gacchâmaḥ | nipâtyatâm | so 'py asmâkaṁ pâçân chedayiṣyati | tatheti tatra nipatitâḥ | atha nîtijño hiraṇyakas svabilamukhaṁ praviçya pakṣisamûhasaṁpâtanâd nibhṛtam avasthitaḥ | citragrîvo 'pi bile mukham âropya hiraṇyakam âhûtavân | so 'py atha suhṛdvacanâd âçvâsitamanâḥ sasambhramaṁ

2 D. tasyâyam âdyaḥ 3 D. suhṛjjanâḥ 5 in D. fehlt ûcuḥ 6 G. kasmin vane — G. mahilarûpyasamipe 7 nâma fehlt in D. 8 st. atikrûram bis ghoram in D. bloss atighoram 13 kaṇapralobhitamatis D. 15 taṁ fehlt in D. — G. baddhaḥ, D. baddho. 22 in D. fehlt utplutya 23 G. upagataḥ 24 in D. fehlt bahudûraṁ gatvâ 26 me in G., mama in D. nach nâma 27 'py fehlt in D. 28 G. pâçaṁ — G. patitâḥ 29 D. pakṣasamohasampatanât sthitas san 30 G. tatra vor citra°.

nirgatya viparkagataṁ bandhum adhikam âdareṇâliṅgya sakhedaṁ kim idam ity âha | sakhe vijñâtanikhilakâryasya tavâpîyam avasthâ | sa âha | bhadra kim anena praçnena | vidvân asi |

yasmâc ca yena ca yadâ ca yathâ ca yac ca
yâvac ca yatra ca çubhâçubham âtmakarma |
tasmâc ca tena ca tadâ ca tathâ ca tacca
tâvac ca tatra ca vidhâtṛvaçâd upaiti || 3

hiraṇyakenoktam | yathâha bhavân |

svadeçâd yojanaçatât paçyati hy âmiṣaṁ khagaḥ |
sa evaṁ kâle saṁprâpte pâçabandhaṁ na paçyati || 4
gajavihaṅgabhujaṁgamabandhanaṁ
çaçidivâkarayor grahapîḍaṇaṁ
matimatâṁ ca samîkṣya daridratâṁ
vidhir aho balavân iti me matiḥ || 5
vyomaikântavihâriṇo 'pi vihagâḥ saṁprâpnuvanti kṣitiṁ |
badhyante nipuṇair agâdhasalilân mînâḥ samudrâd api |
durnîtaṁ kim ihâsti kiṁ sucaritaṁ kaḥ sthânalabho guṇaḥ |
kâlo hi vyasanaprasâritakaro gṛhṇâti dûrâd api || 6

evam uktvâ hiraṇyakaç citragrîvasya pâçachedaṁ kartum ârabhate | tatra citragrîva âha | parijanasyâchinneṣu pâçeṣu kathaṁ mamâsi snehî | hiraṇyakaḥ |

snehaç ca saṁvibhâgaç ca yathâ bhṛtyeṣu lakṣyate |
cittenânena te çakyâ trailokyasyâpi nâthatâ || 7

iti prâhṛṣṭena hiraṇyakena sarveṣâm eva pâçachedaḥ kṛtaḥ | yathocitam âtithyaṁ kṛtvâ citragrîvam âliṅgya preṣayâm âsa | svayam ca bilaṁ praviṣṭaḥ | laghupatanako 'pi sarvavṛttântadarçî sâçcaryam idam âha | aho hiraṇyaka | çlâghanîyacarito 'si | atas tvayâ saha maitram icchâmi | tasmân maitreṇânugrahîtum arhati bhavân | hiraṇyaka âha | kas tvam | sa âha | kâko 'ham | hiraṇakaḥ | kâ tvayâ saha maitrî |

yad yena yujyate loke buddhas tat tena yojayet |
aham annaṁ bhavân bhoktâ kathaṁ prîtir bhaviṣyati || 8

laghupatanaka âha |

---

2 D. nikhilaçâstrasya 9 D. paçyativâmiṣaṁ 13 D. vilokya 17 G. sthânalabhe 18 D. kâle 19 D. ârebhe 21 D. mamâstî 23 D. vitte° 24 D. prâhṛṣṭakena 27 D. tvayaiva saha 29 in D. fehlt sa âha. 31 D. für tat tena: tatra tu.

bhakṣitenâpi bhavatâ nâhâro mama puṣkalaḥ |
tvayi jîvati jîvâmi citragrîvâdayo yathâ || 9
tiraçcâm api viçvâso dṛṣṭas samayaniçcayaiḥ |
satâṁ hi sâdhuçilatvât tvaccitragrîvayor iva || 10
sâdhoḥ prakupitasyâpi na mano yâti vikriyâm |
na hi tâpayituṁ çakyaṁ sâgarâṁbhas tṛṇolkayâ || 11

hiraṇyakaḥ |

âtmîyaç capalo nâsti kathaṁ maitrî bhaviṣyati |
tasmât sarvâṇi kâryâṇi capalo hanty asaṁçayaḥ || 12

kâkaḥ | kim anena | mayâ tava guṇâkṛṣṭena tvayâ saha maitraṁ kartavyam | hiraṇyakaḥ | çatrupakṣo bhavân asmâkam | uktaṁ ca |

çatruṇâ na hi saṁdadhyât suçliṣṭenâpi sandhinâ |
sutaptam api pânîyaṁ çamayaty eva pâvakam || 13
yad açakyaṁ na tacchakyaṁ yacchakyaṁ çakyam eva tat |
nodake çakaṭaṁ yâti na naur vâ gacchati sthale || 14

api ca |

suhṛd ayam iti durjane 'sti
kâçâ bahukṛtamayeti guptam etat |
sujana iti purâṇa eṣa çabdo
dhanalavamâtranibandhano hi lokaḥ || 15
iṣṭo vâ bahusuhṛdopalâlito vâ
çliṣṭo vâ vyasanaçatâbhirakṣito vâ |
dâuḥçîlyâjjanayati naiva jâtvasâdhuḥ
visraṁbhaṁ bhujaga ivâñkamadhyasuptaḥ || 16
mahatâpy arthasâreṇa yo viçvasiti çatruṣu |
bhâryâsu savikârâsu tadantaṁ tasya jîvitam || 17
sakṛd dṛṣṭaṁ tu yo mitraṁ punaḥ saṁdhâtum icchati |
sa mṛtyum upagṛhṇîyâd garbham açvatarî yathâ || 18
aparâdho na me 'stîti naitad viçvâsakâraṇam |
vidyate hi nṛçaṅsebhyo bhayaṁ matimatâm api || 19

---

7 G. hat hiraṇyakaḥ capalasattvam ahaṁ tvaṁ capalo nâsi katham (excl.) für D.: âtmîyaç capalo nâsti 10 G. hat guṇabhava° 11 G. für çatrupakṣo: yatra prakṣo 16 D. çakalam 19 D. für guptam: gulmam 22 D. bahusuhṛdupalâlito cito vâ sa cliṣṭo vyasanagatâbhirakṣito vâ 24 D. dauḥcîlyâjjanayatra 27 D. suvikârâsu 29 D. upagṛhṇâti 31 D. vidyeti.

laghupatanaka âha | çrutaṁ mayâ sarvam | tathâpi sarvâtmanâ tvayâ saha maitraṁ karişyâmi | yad vâdyâtmânam anâhârâd vyâpâdayâmi |

dravatvât sarvalokânâṁ nimittân mṛgapakşiṇâm |
bhayâl lobhâc ca mûrkhânâṁ saṁgatir darçanât satâm || 20
mṛtghaṭavat sukhabhedyo susaṁdhânaç ca durjano bhavati |
sujanas tu kanakaghaṭavad durbhedyas sukaras sa janaḥ || 21

hiraṇyakaḥ | tathâpi tvayi na me 'sti pratyayo yena maitrîm apekşase sarvathâ mayâ saha | maitrîm apekşasi cet madabhimataṁ kaṁcana pratibhuvaṁ sampâdya matsamîpaṁ tam âdâya maitry avaçyaṁ kriyatâm | bhayaṁ mâstv iti tena vâcayitum arhati bhavân | sa âha | nijajâtiya eva mûşikaḥ pratibhûr bhavişyati | hiraṇyaka âha | prâtibhâvyaṁ bhartuṁ na yogya ekajâtîyatvât | saṁdigdha eva manasy evam acintayat |

avyavasthitacittasya prasâdo 'pi bhayaṁkaraḥ
vyavasthitaprasannâtmâ kupito 'py abhayaṁkaraḥ || 22
kupito 'pi guṇâyaiva guṇavân bhavati dhruvam |
svabhâvamadhuraṁ kşiraṁ kathitam hi rosottamam || 23
suhṛd ripur vâ balavân kṛtrimasthau hi kâryataḥ |
syâtâm amitro mitro ca sahajaprâkṛtâv api || 24

prakâçaṁ pratyâyito 'ham bhavatâ | bhavatu bhavato 'bhimatam |

sopakâraḥ suhṛccinnaṁ sâpakâro 'rilakşaṇam |
apraduşṭam praduşṭaṁ vâ dvayaṁ mitrârilakşaṇam || 25

ataḥ parasparaṁ maitram abhavat |

prîtiṁ nirantarâṁ kṛtvâ nirbhedâṁ nakhamâṅsavat |
mûşiko vâyasaç caiva gatâv anyonyamitratâm || 26

tato vâyasaṁ saṁbhojya gṛhaṁ tadâ praviçan he sakhe yadâ kâryam asti tadâgaccheti vadan visṛşṭavân | vâyaso 'pi nijasthânaṁ çâlmalîvṛkşaṁ gataḥ | laghupatanako vane çârdûlâdivyâ-

---

2 In D. fehlt yad vâ 5 D. bhayâllobhândhamûrkhâ° — G. hat saṁgatir bis satâm doppelt 6 D. mṛṭavat, G. dussajânas 7 D. durbbedyaç câtikṛcchrasaṁdhânâḥ 9 apekşate in D. — D. madabhihitam 11 maitrî fehlt in D. 12 D. st. nijajâtiya: tvajjâ° 13 pratibhuvaṁ kartum D. 14 G. manyasa evam 18 D. sudhottaram 19 D. suhṛd garîyânç catruç ca 24 G. apra° — °lakşaṇam fehlt 25 D. tataḥ 28 tato fehlt in D. — G. bhojya.

pâditamṛgamâṅsaṁ bahudhâ nîtvâ svavayasyâya pratipâditavân âhâram |

> iṣṭaṁ dadâti gṛhṇâti kâryam âkhyâti pṛcchati |
> bhuṅkte bhojayate caiva ṣaḍvidhaṁ mitralakṣaṇam || 27

evaṁ nirantaraṁ snehânubandhatayânayoḥ kâlo 'tivartate | ekadâcid vâyasa âha | bhadra duḥkhalabhyâhâram idaṁ sthânam | ato vanântaraṁ gantum icchâmi | tatra ca vimalaṁ saro 'sti | tasmiṁç ciropârjitaṁ mitraṁ mandarâbhidhânaḥ kachaparâjaḥ prativasati sma | sa ca matsyâdyâhâraviçesân mâṅsaṁ vardhayiṣyati | tacchrutvâ hiraṇyako 'py âhaha | bhadra mâm api tatra netum arhati bhavân aham api nirvedâd deçântaragamanotsukaḥ | kâka âha | kiṁ nirvedasya kâraṇam | sa âha | tatraiva gatvâ kathayiṣyâmîti çrutvâ vâyaso mitraṁ cañcvâ gṛhîtvâ tadvipulasaraḥ prâptavân | tatra ca mandareṇotthâya tayoḥ saharṣam âtithyaṁ kṛtvâ vâyasaḥ kachapena pṛṣṭaḥ | vayasya bhavân mûṣikaṁ gṛhîtvâ kathaṁ nirjanaṁ vanam âgataḥ | kaç câyaṁ mûṣikaḥ | kâka âha | nirvedâd ayam mûṣikarâjo hiraṇyako nâma samâgataḥ |

> yasya jihvâ sahasraṁ syâd matir suraguror iva |
> so 'sya sauhârdacittasya prabrûyâd guṇavistaram || 28
> ajîvitântâḥ praṇayâḥ kopâç ca kṣaṇabhaṅgurâḥ |
> parityâgâç ca duḥsaṁgâ bhavanti hi mahâtmanâm || 29

ity uktvâ yathâvṛttaṁ citragrîvâkhyânam akathayat | âtmanaç ca maitram âkhyâtavân | etacchrutvâ mandaraḥ suciraṁ vismitamanâ hiraṇyakam âha | bhadra nijabhavanavṛttântam âkhyâtum arhati bhavân | sa âha | kathayâmi çrûyatâm ||

kathâ 1.

asti mahilâropyanagarasamîpe parivrâḍavasathaḥ | tatra cûḍakarṇo nâma parivrâḍ vasati sma | sa hi bhojanâvaçiṣṭabhikṣâsahitabhikṣâpâtraṁ sâraṅgabhṛṅgâgre 'vasthâpya svapiti |

4 D. prîtilakṣaṇaṁ 5 D. für anayoḥ: tayos 8 G. mitro 9 D. pravasati — D. matsyâdyanna° 10 D. hat kein 'py 13 G. hat kein mitraṁ, D. kein cañcvâ 14 G. für tayoḥ: dvayoḥ 15 in D. zwischen harṣam und âtithyaṁ: âlingya 20 so 'sau in G. 22 niḥsaṁgâḥ in D. 23 yathâvṛttântaṁ in D. 25 vismitamânа° in G. 26 st. sa âha in D.: mûṣika — çrûyatâṁ bhavatâ in G. 28 mahilâropyanagare in G. 29 °vrâḍ in D. — sma fehlt in G. 30 sâraṅga° fehlt in G.

ahaṁ ca taccheṣânnavṛttiḥ | anantaraṁ tasya priyasuhṛd bṛhatsvid nâma parivrâjakaḥ samâyâtas | tena ca saha nânâkathâprasangâvasthito jharjharaṁ vaṁçena tâḍayaṁç cûḍakarṇo mâṁ trâsayan bṛhatsvijâbhitaḥ | kim iti bhavân virakto 'nyâsaktaḥ | cûḍakarṇo 'py âha nâhaṁ viraktaḥ kiṁ tu mamânnâpahârî mûṣiko bhikṣâṁ bhakṣayati | sa âha | kim ekaḥ saparivâro vâ | sa âha | eka evâyam | bṛhatsviḍ âha | ekaḥ sa câyam anivâritaçaktir upadhinâ mahântam aparâdhaṁ karotîty atra kâraṇena mahatâ bhavitavyam |

nâkasmâc châṇḍilî mâtâ vikrîṇâte tilais tilân |
kuñcitân itarair yena kâryam atra bhaviṣyati || 30

sa âha | katham etat | bṛhatsviḍ âha |

kathâ 2.

kasmiṁçcid brâhmaṇagṛhe 'haṁ nivasitaḥ | tatra kadâcid brâhmaṇena brâhmaṇy abhihitâ | çvaḥ parvakâlo bhavitâ | tatra brâhmaṇân bhojayitum ucitam | sâ âha | na kiṁcid astîti | brâhmaṇaḥ sakopam âha | kṛpaṇi |

kartavyaḥ saṁcayo nityaṁ na tu kâryo 'tisaṁcayaḥ |
paçya saṁcayalubdhena dhanuṣâtmâ vinâçitaḥ || 31

sa âha | katham etat | brâhmaṇa âha |

kathâ 3.

asmin kasmiṁçcid adhiṣṭhâne mâṅsavṛttir vyâdhaḥ | sa kadâcid vane mṛgam ekaṁ hatvâ gacchan mahâvarâham apaçyat | âha ca | mamâdyâparam api vidhinopapâditaṁ mâṅsam iti niçcitya tataḥ pûrvamṛgam avasthâpya dhanuṣâ taṁ varâhaṁ jaghâna | sûkareṇa baddharoṣeṇa mukhe gṛhîtvâ vyâpâditaḥ svayaṁ ca patitaḥ | atha kṣutkṣâmo daṁṣṭriko nâma jambukaḥ taṁ deçam âhârârthî bhramann apaçyat | idaṁ daivopapâditaṁ mâṅsam iti bahusaṁpannam atra ma iti hṛṣṭamanâ abhût | tatas tena dinaparyâyeṇa cintitam |

---

2 ca fehlt in G. — °kathâ° fehlt in D. 5 D. nach tu: paçcâd 6 kiṁ vâ fehlt in G. 8 upadhinâ fehlt in D. 10 G. vikriṇâti 11 vañcitâ hi tilair in G. 12 G. sa âha. 14 brâhmaṇo in D. ohne tatra — bhojayitavyaḥ D. 20 kathaṁ caitat G. — sa âha in G. 24 api fehlt in D. — niçcitya fehlt in D. 26 D. bahuroṣeṇa 27 st. svayaṁ ca patitaḥ in D.: vyâdhaḥ 29 atra fehlt in G. 30 D. tena paryâyeṇa.

vyâdha okadinaṁ yâti dvedine mṛgasûkarau |
bahusaṁcayam etan me sâmprataṁ câpo bhakṣaṇam || 32

iti niçcitya mṛgasûkaravyâdhân kuṭîkṛtya kramaço bhakṣayiṣyâmîti pṛthvyâṁ nidhâya dhanuḥpratibaddhamâṅsaṁ prathamato bhakṣayan pratibaddhena dhanuṣâ hṛdi nirbhinnaḥ pañcatvam upagataḥ | ato 'haṁ bravîmi | kartavyaḥ saṁcayo nityam iti | tataç ca brâhmaṇyâbhihitam | asti tilataṇḍulastokam asmâkam | tenâhaṁ kusaraṁ kariṣyâmîti | tataḥ prabhâte tilân utpluṣya brâhmaṇî çoṣayituṁ pravṛttâ | teṣu kecit kumâreṇa drâvitâ te ca tilâḥ kukureṇâgatya vicalitâḥ | tân dṛṣṭvâ sâbravît | he kâmandaki tilâ vipluṣṭâḥ | atas tvaṁ pluṣṭatilân gṛhîtva gaccha | tatheti yasmin eva gṛhe 'haṃ bhikṣârtham âgataḥ tasmin eva gṛhe kâmandakî tilavinimayârtham âgatya parivartamâneṣu tileṣu gṛhapatir âgatas | tenoktam | kathaṁ tilâḥ parivartante | bhâryayâbhihitam | apluṣṭatilaiḥ pluṣṭatilâ gṛhyante | sa âha | kâraṇenâtra bhavitavyam | ato 'haṁ bravîmi | nâkasmâcchaṇḍilî mateti |
bṛhatsviḍ âha | cûḍakarṇa anivâritaçakter mûṣikasyâbhikṣobhakṣaṇenâpi kenâpi kâraṇena bhavitavyam | tataḥ sa khanitram âdâya madvivaraṁ khanitvâ mayâ cirasthâpitaṁ dhanaṁ gṛhîtavân | tadâ prabhṛty ahaṁ nijaçaktiparikṣîṇo nijasatvotsâharahito 'bhavam | âhâram apy utpâdayitum açaktaḥ | kathaṁ katham api bhikṣâpâtre punar mayâ câlite cûḍakarṇenâbhihitam | hṛte 'py arthe kiṁ punaç câlayasi | ato mandaṁ mandam upasṛtavantaṁ mâṁ dṛṣṭvâdayayâ daṇḍena trâsayann idam abravît |

arthena balavân sarvaç cârthâd bhavati paṇḍitaḥ |
paçyainaṁ mûṣikaṁ pâpaṁ dainyavṛttim upagatam |
arthena hi vihînasya puruṣasyâlpamedhasaḥ |
vibhidyante kriyâḥ sarvâ grîṣme kusarito yathâ || 32
yasyârthas tasya mitrâṇi yasyârthas tasya bândhavaḥ |
yasyârthas sa pumân khyâto yasyârthas sa ca paṇḍitaḥ || 33

---

3 mṛgasûkarau vyâdhaṁ in G. — kuṭîkṛtvâ in D. 4 st. pṛthvyâṁ in D. hṛdi. 7 In D. fehlt stokam asmâkam 8 D. st. tataḥ: atha 9 G. kenacit st. ke cit 10 D. kilitâḥ st. vicalitâḥ 11 D. visṛṣṭâḥ st. vipluṣṭâḥ — D. nach gṛhîtvâ gleich gatâ | parivartamâneṣu tileṣu gṛhapatir âga° (l. 14) 15 D. gṛhṛṣṭa° st. apluṣṭa° 18 G. atrâpy aniyataçakter st. anivâ° 19 sa fehlt in G. 22 D vor 'bhavam ein zweites Mal aham. 28 arthenâpi D 29 vi° fehlt in D.

aputrasya gṛhaṁ çûnyaṁ diçaḥ cûnyâ hy abândhavaḥ |
mûrkhasya hṛdayaṁ çûnyaṁ sarvaçûnyâ daridratâ || 34
tânîndriyâṇy avikalâni tad eva nâma |
sâ buddhir apratihatâ vacanaṁ tad eva |
yasyâsti vittaṁ adhikaṁ rahitas tu tena |
cânyaḥ kṣaṇena bhavatîti vicitram etat || 35

tasmân mayâ sthânântaraṁ gantavyam ity âlocitam |

bhajen mânâdhikaṁ vâsaṁ bhagnamânaṁ na saṁçrayet |
mânahînaṁ suraiḥ sârdhaṁ vimânam api varjayet || 36

atha kathaṁcit prâpyate 'lam anena | athâpi kiṁcit dâtâraṁ prâpya yâcitavyam udarapûraṇârtham iti pakṣo 'py asamîcînaḥ | uktaṁ ca |

gatir mandâ svaro hîno gâtre kampo mahad bhayam |
maraṇa yâni cihnâni tâni cihnâni yâcake || 37
varaṁ vibhavahîno 'pi prâṇaiḥ saṁtarpito naraḥ |
nopakâraparibhraṣṭaḥ kṛpaṇaḥ pârthivo naraḥ || 38
tṛṇâl laghutaras tûlas tûlâd api ca yâcakaḥ |
vâyunâ kiṁ na nîto 'sau mâyaṁ yâcayed iti || 39

kiṁ ca |

dâridyâdhiyate matis sṛtamatis sattvât paribhraçyate |
nissattvaḥ paribhûyate paribhavân nirvadam âyâti ca || 40
nirviṇṇaḥ çucam eti çokanihato buddhyâ na saṁyujyate |
nirbuddhiḥ kṣayam ety aho hy atha na tâ sarvâ padâmâspadam || 41
varaṁ kâryaṁ hînaṁ na ca vacanam uktaṁ tad anṛtam |
varaṁ klaivyaṁ puṁsâṁ na ca parakalatrâbhigamanam || 42
varaṁ prâṇatyâgo na ca piçunavâdeṣv abhiratir |
varaṁ bhikṣâçitvaṁ na ca paradhanâsvâdaparatâ || 43
yâ seveva mânam akhilam jyotsnîva tamo jareva lâvaṇyam
hariharakatheva duḥkhaṁ guṇaçatam anarthatâ harî || 44

yady aham api parapiṇḍenâtmânaṁ yojayâmi kaṣṭaṁ bhos tad api dvitîyaṁ mṛtyudvâram |

1 G. deçaç st. diçaḥ — G.'py st. hy 10 G. te vor athâpi — G. kaṁcid adâtam st. ki° dâtâraṁ. — G. adâtaṁ st. dâtâraṁ 18 D. prârthayed st. yâcayed 29 G. abalam st. akhilam 30 G. harati st. harî, apy vor anar° 31 D. yad st. yady.

rogî cirapravâsî parânnabhojî parâvasathaçâyî ca |
paralâbhâsahanarato narakâçrayaṁ manujatulyavṛttir ayam | 45

ity âlapya dravyalobhâd dînârân gṛhîtuṁ punaḥ punar apy aham âgraham akaravam | tato bṛhatsvijâ laguḍena jharjharîkṛto 'smi | ato 'ham acintayam | dravyâpagamanaduḥkhenâham asaṁtuṣṭo 'smi cen niyatam âtmadrohî bhaveya |

na svalpam apy adhyavasâya bhîroḥ karoti vaijñâna nidher-
guṇo 'pi |
andhasya kiṁ hastatalasthito 'pi saṁdarçayaty artham ahapra-
dîpaḥ | 46
sarvâç ca sampadas tasya saṁtuṣṭaṁ yasya mânasam |
upânadgûḍhapâdasya nanu carmâ kṛtsnaiva bhûḥ | 47
saṁtoṣâmṛtacintânâṁ yat sukhaṁ çântacetasâm |
kutas taddhanalubdhânâm itaç cetaç ca dhâvatâm | 48
na yojanaçataṁ dûraṁ bâdhyamânasya tṛṣṇayâ |
saṁtuṣṭasya karaprâpte 'py arthe bhavati nâdaraḥ | 49

tat sarvathâsâdhye 'rthe parichedaḥ çreyân | uktaṁ ca |

ko dharmo bhûtadayâ kiṁ saukhyam arogatâ jantoḥ |
kaḥ snehaḥ sahabhâvaḥ kiṁ pâṇḍityaṁ parichedaḥ || 50

ato 'haṁ nirvedâd yuṣmadantikam âgataḥ |

samṛgaragasârangaiṁ sadevanarakiṁnaram |
âmadhyâhnakṛtâhâraṁ bhavatîha jagattrayam | 51
kṛtî tasya buddhaḥ ko 'tra kuryât karma vigarhitaṁ |
yasyânubaddhaḥ pâpârthaḥ sa evaikaḥ kṛtî pumân | 52
râjñopavâhyo haya eka eva
kṣutsaṁnirodho 'pi tathânnamâtrât |
çayyâ tathaivâsanam ekam eva
çeṣâvibhûtir nṛpater madîya | 53
kiṁ nâmadhanalâbhena çâkenâpi prapûryate |
asyâdagdhodarasyârthe kaḥ kuryâd asamañjasam | 54

etacchrutvâ mantharo hiraṇyakaṁ bahumânapuraḥsaram âçvâsitavân |

3 G. âkarya° st. âlapya 4 aham fehlt in G. 6 D. °droṇahi 9 D. nidarça° st. saṁdarça° 24 °nubandhaḥ st. anubaddhaḥ. 27 st. tathaiva D. talo vâsanam 29 D. pâlena st. lâbhena 30 G. ittham st. asyâ — vor °dagdha°.

çâstrârthaṁ dhîtyâpi bhavanti mûḍhâ |
yaç ca kriyâvân puruṣaḥ sa vidvân |
saṁcintitaṁ hy auṣadham âturâṇâm |
na nâmamâtreṇa karoty arogam ‖ 55
dattvâ tân eva yâcanti hatvâ hanyanta eva ca |
vañcayitvâ tu vañcyante narâ bhâgyaviparyaye ‖ 56

tad atra vayasyadeçâviçeṣeṇa vṛttir me karaṇîyâ | na caitad api samañjasam |

sthânabhraṣṭâ na pûjyante dantâḥ keçâ nakhâ narâḥ |
iti vijñâya matimân nâçu sthânaṁ parityajet ‖ 57

kâpuruṣavacanam etat |

deçam utsṛjya jîvanti siṁhâḥ satpuruṣâ gâjâḥ |
tatraiva nidhanaṁ yânti kâkâḥ kâpuruṣâ mṛgâḥ ‖ 58

tathâ ca |

ko vâ tasya manasvino na viṣayaḥ ko vâ videçasthitir |
yaṁ deçaṁ çrayate tathaiva kurute bâhupratâpârjitam |
yad danṣṭrânakhalângalapraharaṇaḥ siṁho vanaṁ gâhate |
tasmin eva hatadvipendrarudhirais tṛṣṇâṁ jayaty âtmanaḥ ‖ 59

tat sarvathâ nityam udyogaḥ karaṇîyaḥ |

nipânam iva maṇḍûkâḥ saraḥ pûrṇam ivâṇḍajâḥ |
sodyogaṁ svayam âyânti sahâyâç ca dhanâni ca ‖ 60
âlasyaṁ strîsevâ sarogitâ janmabhûmivâtsalyam |
saṁtâpo bhîrutvaṁ saḍvyâghâtâ mahattvasya ‖ 60ª
cakravat parivartante duḥkhâni ca sukhâni ca |
tatra khedo na kartavyaḥ saṁtoṣaç ca manîṣibhiḥ ‖ 61
anyâ tu pâtratâṁ neyaḥ pâtram âyânti saṁpadaḥ |
dharmavidyâ tapaḥ kîrtiḥ pramukhaiḥ pâtratâ bhavet ‖ 62

kiṁ ca |

sukham âpatitaṁ sahet kaṣṭam âpatitam sahet |
sukhaduḥkhobhayasâmye sâkṣâj jânî jagattraye ‖ 63
utsâhasaṁpannam adînasattvam |
kriyâvidhajñaṁ vyasaneṣv asaktam |

---

3 D. saṁsevitam st. saṁcinti° 7 D. na st. me 15 D. °sthito st. sthitir. 19 nityam fehlt in G. 21 D. udyogam st. sodyogaṁ 29 G. âpâditam st âpatitaṁ.

çûraṁ kṛtajñaṁ dṛḍhasauhṛdaṁ ca |
lakṣmîḥ svayaṁ vâñchati vâsahetoḥ || 64

athavâ |

tam alasaṁ daivaparaṁ sâhasâc ca parihitam |
pramadevavṛddhapatiṁ secaty upaguhituṁ lakṣmîḥ || 65

mantharaḥ | bhavân apy artharahitaḥ prajñotsâhasaṁpanno 'si |
tathâ hi |

vinâpy arthair dhîraḥ spṛçati bahumânonnatipadaṁ |
parisakto 'py arthaiḥ paribhavavaçaṁ yâti kṛpaṇaḥ |
svabhâvâd udbhûtâṁ guṇasamudayâvâptiviṣayâṁ |
dyutiṁ saiṁhîṁ kiṁ çvâ kṛtakanakamâlo 'pi labhate || 66
utsâhaçaktir api vikramadhairyadâpi |
yo vetti goṣpada ivâlpataraṁ samudraṁ |
valmîkaçṛṅgasadṛçaṁ ca mahânagendraṁ |
lakṣmîḥ svayaṁ tam upayâti hînasattvam || 67
nâtyuccaçikharo merur nâtininnam rasâtalam |
vyavasâyasahâyânâṁ nâtipâro mahodadhiḥ || 68
dhanavân matimân kiṁ gatavibhavo viṣâdam âyâti |
karanihitakandukasamâḥ pâtotpâtaṁ manuṣyânâm ||
abhracchâyâ khalu prîtir navasasyâni yoṣitaḥ |
kiṁcit kâlopabhogyâni yauvanâni dhanâni ca || 69

tad bhadra hṛte 'py arthe saṁtâpo na karaṇîyaḥ |

yad abhâvi na tad bhâvi yad bhâvi na tad anyathâ |
iti cintâviṣaghno 'yam agadaḥ kiṁ na pîyate || 70

iti vṛtticintâkulatâm paribhûya sthîyatâm |
yataḥ |

yena çuklîkṛtâ haṁsâḥ çukâç ca haritîkṛtâḥ |
mayûrâç citritâ yena sa te vṛttiṁ vidhâsyati || 71
na kaçcic chatavarṣeṇa samaṁ bhaktena jâyate |
jîvaty anena jîvâmo yûyam anye vayaṁ sadâ || 72
na dânatulyo vidhir asti kiṁcit saṁtoṣatulyaṁ sukham asti kiṁ vâ |
vibhûṣaṇaṁ çîlasamaṁ kuto 'sti lâbho 'sti nârogyasamaḥ pṛthivyâm || 73

---

3 athavâ und Vers 65 fehlen in D. 9 D. parityakto st. parisakto 11 G. ca st. çvâ 13 goṣpadam ivâlpa° D. 18 D. nîtimân st. matimân 19 D. pâtotpâtau 30 G. pûrvotvacena st. jîvaty anena.

kiṁ bahunâ | mayaiva sasnehenâtra kâlo nîyatâm | laghupatanaka âha | manthara sarvasamâçrayaṇîyaguṇo 'si |

santa eva satâṁ nityam âpannaraṇahetavaḥ |
gajânâṁ paṅkamagnânâṁ gajâ eva dhuraṁdharâḥ || 74
vidhiḥâritapauruṣopapattau |
na punaḥ paçyati [tad]doṣaṁ sarvam |
nipatantam adhaḥ suhṛjjanas tam |
punar uttambhyate hitopadeçaiḥ || 75
çlâghyaḥ sa eko bhuvi mânavânâm |
yo 'ntargataḥ satpuruṣavrajasya |
yasyârthino vâçaçaraṇâgato vâ |
nâçâvibhaṅgâ vimukhâḥ prayânti || 76
vanâni vâtâḥ kusumâni ṣaṭpadâ |
jalâni haṁsâ gagane vihaṁgamâḥ |
yathâbhikâni kṣanti phalâni kâminas |
tathâ bhavantaṁ vayam apy upâgatâḥ || 77

ity eteṣu vadatsu satsu lubdhakatrâsito mṛga ekaḥ samâyâtaḥ taṁ dṛṣṭvâ bhiyâ sarva eva yathâyathaṁ gatâḥ | laghupatanakena vṛkṣâgram adhirûhyâlokena na kaçcid bhayahetur upalabdha iti mantharahiraṇyakau samâhûtau mantharena samyag mṛgaç citrâṅganâmâbhihitaḥ | bhadra svâgataṁ bhavataḥ | svecchayodakâdyâhâro 'nuṣṭhîyatâm | atra vane 'smâbhiḥ saha tvayâpi sukhena sthîyatâm | citrâṅga âha | lubdhakatrâsitâvastho 'trâhaṁ samâgataḥ | mantharaḥ | svagṛhanirviçeṣeṇa sthîyatâm iti svâgatâbhyupacâraṁ kṛtavân | tena sasnehenânyonyaprîtyâ kâlo 'vartata | atha kadâcic citrâṅgaḥ çâdvala itaç cetaç ca saṁcaran kvacit tûṣṇîṁsthitvâ cintayati | mantharaḥ | he sakhe vada tava kâ cintâ | citrâṅgaḥ | mama sahodarâç catvâraḥ sthitavantaḥ | mâtâpitarau bândhavas tiṣṭhanti | sa durâtmâ lubdhakaḥ kiṁ kariṣyatîti | mantharaḥ | tarhi kiṁ niçcitavân asi | citrâṅgaḥ | saṁdeha eva | mameṣṭâḥ kathaṁ sarve 'trânîtâç ced [anyatra kâreṇânusaṁcaranti | sa tu taj jñâtvâ sarvân vyâpâdayann atrâgamiṣyatîti | tathâ ca] bhavatâm atratyânâṁ mahân

---

1 G. 'tra vor nîyatâm 6 G. dîptaṁ st. doṣaṁ 14 D. vihaṁgâḥ st. vihaṁgamâḥ 19 In G. und D. verdorbt: G. âlokena ca kaçcid ca kaçced (?) — in D. adhi . . . . . . caloki — na ca kakṣed (?) 23 G. lubdhaka trâsito 'vasthânabuddhyaivâham 27 D. kathaṁcit st. kvacit — D. °sthitaç cinta° 30 mantharaḥ bis sa tu incl. (l. 32) fehlt in D. 33 G. tatra st. atra.

apâyo bhaviṣyati | nânîtaç cet tatraiva sarvân durâtmâ vyâpâdayiṣyati | asmadîyâs tv aham ivopâyajñâ na bhavanti | lubdhakaç ca krûraḥ | uktaṁ ca |

mṛgaminasajjanânâṁ tṛṇajalasaṁtoṣavihitavṛttînâm |
lubdhakadhîvarapiçunâ niṣkâraṇam eva vairiṇo jagati || 78

mantharaḥ | yuṣmâdîyânâṁ bhayaṁ nâstîti manye katham | parâṇâm upakâritvât sâdhutvâc ca | kiṁ ca | yuṣmadîyân dṛṣṭvâ tasya dayâ bhaviṣyati | kutaḥ | lubdhakapriyâtîva saundaryavatî | tasyâ avayavasâdṛçyaṁ yadavayavânâm asti | taṁ dṛṣṭvâ nijapriyâsmaraṇaṁ bhaviṣyati tasyâpi kâmukatvât | astu smaraṇam prakṛte kim âyâtam iti ced âyâtam eva câñcalyâdiguṇayogât tvadîyamṛganetrâṇâm | tathâ ca dayayâ na vyâpâdayiṣyati | mayûrâṇâm api bhîtir nâsti tatstriyâkeçapâçasâmyân mayûrabarhâṇâm | ato manasi vicâro mâstu | uktaṁ ca kavibhir daçarathâdayo mṛgâyâṁ nijapriyâsaundaryân na hinastîti | nanu sarvathâtmîyaprîtir asti ced lubdhakân bibhesi cet tvadîyân vanântaraṁ gamayitvâ samâgaccheti | tadvâkyaçravaṇâddhiraṇyakaç cintayâm âsa | asmadîyasthâne 'pi mûṣikagrâhiṇaḥ santi te ca krûrâḥ khanitram âdâya sasâdhanapâṇayaḥ | ta asmadîyân kiṁ kariṣyanti naveti na jâne | mûṣikân hantuṁ tadvivareṣv agniṁ gṛhîtvâ dhûmam utpâdayanti | ahaṁ kiṁ karomîti vicârayantaṁ hiraṇyakam âha mantharaḥ | tava cintayâlam | tvaṁ yam udyogaṁ kariṣyasi citrâṅgo 'pi tathaiva karoti | atiprasaṅgas syâd iti tadvacanât tûṣṇîṁ sthitavân | atha kadâcid âhârârthaṁ vanaṁ gataḥ citrâṅgaḥ samucitodayavelâyâṁ nâgacchati | mantharâdayo saviṣâdam avasthitâḥ | atha vâyasenoktam | ahaṁ citrâṅgam anveṣayâmîty uktvotpatya tatra nâtidûre dṛḍhacarmapâçabaddhaṁ citrâṅgam apaçyat taṁ câbravît | kathaṁ bhavân imâṁ daçâm upagataḥ | citrâṅgaḥ | kim anenânavasarapraçnena | tad âçu gatvâ hiraṇyakam âhûyâgacchety uktaḥ yâval lubdhako nâyâti tâvat sa me pâçaṁ chinattu | atha laghupatanakena çîghraṁ gatvâ citrâṅgavṛttân-

1 G. bhavati st. bhaviṣyati 7 kiṁ ca fehlt in G. 10 D. bhavati st. bhaviṣyati 14 G. tathâ ca st. ato — kavibhir fehlt in D. 16 nanu fehlt in D. — D. °saundaryadarçanâd vya[thi]tâḥ 18 D. ca nach santi 19 G. khaṇitrâdy 20 G. mûṣikânâṁ tu 24 G. ayaṁ st. atha. 26 D. nâgacchat — sa fehlt in G. vor viṣâ° — G. anantaraṁ st. atha 27 utpatya fehlt in D. 31 D. âdâya st. âhûya.

tam abhidhâya hiraṇyaka ânîtaḥ | tato hiraṇyakenâbhihitam vayasya viditasakalatattvârtho 'pi katham imâṁ daçâm upagataḥ | citrâṅga âha | tvam avasarajño na bhavasi | tvayâ mitrapremṇâkâlakṣepe kriyamâṇe lubdhaka âgatya drohaṁ kariṣyati | ataḥ paçâṁç çighraṁ me çakalîkuru | paçcât sarvaṁ kathayiṣyâmi | hiraṇyakaḥ [1] mayi pârçvasthite lubdhakâd bhayobhayaṁ kutaḥ | so 'bravît | yathâha bhavân | aham atrânubhûtapûrvabandhano 'pi daivâd baddhaḥ hiraṇyakaḥ katham atrânubhûtapûrvabandhano bhavân | citrâṅga âha | pûrvam aham ṣaṇmâsâj jâtaç çiçus | tatra kadâcit tasyâlavâlapatanabhayâd utsukâs sarve mṛgâḥ prayâtâḥ | ahaṁ câsamartho gantum akriyo vyâdhenâgatya gṛhîtaḥ | nîtvâhaṁ yuvarâjñe samarpitaḥ | sa ca kautûhalât suhṛdbhiḥ saha priyavihârâdipradhânân mâṁ samavardhayat | atha kadâcid râjaputrasya vâsagṛhe râtrau meghadhvanam açrauṣam | tadâ ca mayâ samupajâtautsukyenâbhihitam | vâtavṛṣṭividhûtasya mṛgayûthasya dhâvataḥ pṛṣṭato 'nugamiṣyâmi | kadâ nas tad bhaviṣyati | athaikâkî râjaputraḥ sâçcaryas sabhayam âha | eka evâham atra kenâbhihitam iti | samantâd avalokya mâm apaçyat | sa mâṁ dṛṣṭvâ bhîtabhîtaḥ samacintayat | kathaṁ mânuṣîṁ vâcam ayam udîrayatîti nûnam anena sattvâdhiṣṭhitena bhavitavyam iti prakampito jvalitaç ca prabhâte daivajnân âhûyâkathayat | tatraikenâçcâryeṇa râjaputro 'bhihitaḥ | sarva eva paçujâtayo bruvanty eva | na paraṁ mânuṣasamakṣam anena bhavantam adṛṣṭvaiva manorâjyaṁ kṛtam | tat kuto bhayaṁ tava | mahatsattvâ hi râjaputrâḥ | iti tena prabodhito râjaputraḥ svastikarmâṇam âhûyâbravît | tvam enam vane nîtvâ muñceti | ato 'ham anubhûtapûrvabandhano 'pi daivâd baddhaḥ | anantaraṁ sukṛtsnehâkṛṣṭo mantharo 'pi tatrâgataḥ | taṁ dṛṣṭvâ hiraṇyaka âha | bhadra na çobhanaṁ tvayâ kṛtam | yadi lubdhakaḥ samâgacchati tadâ sarvathâ sarva eva vayam yâthâyathaṁ gantuṁ samarthâḥ | tvaṁ punar asamarthaḥ | mantharaḥ |

---

1 D. âhûtaḥ st. ânîtaḥ 10 atra fehlt in D. 11 aham fehlt in D. 12 G. °râjâya — sa ca fehlt in D. 14 D. râjaputragṛhe — G. aham vor açrau° 16 G. yasya vor dhâvataḥ 18 D. sahâçcâ° 19 G. avalokayan 21 D. [vyâ]kulito st. prakampito 22 G. ebhiḥ st. ekena 27 G. atraiva vor vane 29 bhadra fehlt in D. 30 G. tathâ ca st. tadâ 31 G. yathâgataṁ st. yathâyathaṁ.

autsukyagarbhâd romatîva dṛṣṭiḥ |
paryâkulaṁ kvâpi punaḥ prayâti |
viyujyamânasya guṇânvitena |
niratyayapremavatâ janena | 79
suhṛdi nirmalacitte guṇavati dâre prabhau ca
viçrâmyativa hṛdayaṁ duḥkhasya nivedanaṁ kṛtvâ duḥkhajñe || 80

evam ucyamâne 'sau kṛtânta iva dhâvan lubdhako nikaṭe dṛṣṭaḥ | taṁ dṛṣṭvâ hiraṇyakaḥ kaṣṭaṁ bhoḥ kaṣṭam ity abhidhâya satvaro bhramaṁç citrâṅgasya pâçaṁ dantaiç cittvâ yathâyathaṁ prayâtaḥ | taṁ dṛṣṭvâ vyâdhaḥ paraṁ viṣâdam agamat | atha mantharaṁ mandagatiṁ dṛṣṭvâ kiṁcit tuṣṭamanâḥ sasaṁbhramaṁ taṁ gṛhîtvâ dhanuṣy avalambya calitaḥ | acintayac ca | daivena mṛgam apanayatâ kacchapaḥ samânîtaḥ | tato mṛgamûṣikarvâyasâḥ paramodvegavantaḥ kiṁ kartavyam iti rudantas tam anugaccheyuḥ | hiraṇyaka âha | kiṁ rudyate |

ekasya duḥkhasya na yâvad antam |
gacchâmy ahaṁ pâram ivârṇavasya |
tâvad dvitîyaṁ samupasthitaṁ me |
duḥkheṣv anarthâ bahulîbhavanti || 81
svabhâvajantu yan mitraṁ tad bhâgyenaiva jâyate |
tatrâkṛtrimasauhârdam âpatsv api na muñcati || 82
na mâtari na dâreṣu na sodarye na câtmaje
viçvâsas tâdṛçaḥ puṁsâṁ yâdṛg mitre nirantare || 83
svakarmasaṁtânaviçeṣṭitâni kâlântarâvartiçubhâçubhâni |
ihaiva dṛṣṭvâ nimayasthitâni janmântarâṇîva daçântarâṇi ||
kâlaḥ saṁnihitâpâyaḥ saṁpadaḥ paramâpadaḥ |
samâgamâs sâpagamâs sarvam utpâdibhaṁguram || 84
kṣate prahârâṇi patanty abhîkṣṇaṁ dhanakṣaye kupyati jâṭharâgniḥ |
âpatsu vairâṇi samutpatanti chidreṣv anarthâ bahulîbhavanti || 85
çokâratibhayaṁ trâṇaṁ prîtivisrambhabhâjanam |
kenedaṁ sṛṣṭam amṛtaṁ mitram ity akṣaradvayam || 86

iti bahu vilapya hiraṇyako laghupatanakacitrâṅgâv âha | yâvad eva lubdhako vanân nissarati tâvad eva mantharârakṣaṇôpâyaḥ

1 D. autsukyavegâd 11 D. tataḥ st. vyâdhaḥ 14 apa fehlt vor nayatâ in D. 16 sam° st. tam anu° 31 D. samudbhavanti st. °patanti 35 G. vanântaras sarati.

cintyatâm | tathâ kriyatâm iti tâv ûcatuḥ | âvâṁ kiṁcid api na jânîvaḥ | sarvaṁ bhavatâ kriyatâm iti | sa âha | citrâṅgo mṛtam ivâtmânaṁ kṛtvâ vyâdhapurato nipatya tiṣṭhatu | kâko 'pi tasyopari kim api cañcvâlikhan nâdaṁ karotu | tato vyâdho nûnaṁ mṛgo 'yaṁ mṛta iti jnâtvâ tadantikaṁ yâvad âgacchati tâvad evâhaṁ kacchapasya pâçaṁ chedayâmi | tataḥ chinnabandhaḥ sa jalâçâyaṁ sahasâ pravekṣyati | citrâṅgalaghupatanakâv api mantharam anusarantaṁ lubdhakaṁ dṛṣtvâ tvaritaṁ tadaivâpasarpyâvasthitau | evaṁ hiraṇyakavacanaṁ çrutvâ citrâṅgo lubdhakasya purato gatvâ kutracid hradasamîpe mṛtâkâraṁ vahan bhûmau nipatya tiṣṭhati | laghupatanako 'pi tasyopari sthitvâ cañcvâlikhan kûjati sma | lubdhako' pi mṛgaṁ dṛṣṭvâ hṛṣṭamanâs san daivâd ayam prâpta iti cintayan dhanurlambitaṁ mantharaṁ hradasamîpe nidhâya mandamandam upâgatya patitacitrâṅgasya samîpaṁ gatavân | tasmin gate sati hiraṇyakaḥ çîghram âgatya mantharabandhanaṁ daçanaiḥ çakalîkṛtavân | so 'pi mantharo hradaṁ praviṣṭaḥ | lubdhako 'pi dhanurlambitayâ vâgurayâ mṛgaṁ badhvâ neṣyâmîti niçcitya dhanuḥsamîpaṁ punar âgatavân | tasmin gate sati citrâṅgalaghupatanakau dûram adhâvatâm | lubdhakas tatra mantharâbhâvân nirviṇṇo niḥçvasan mṛgaṁ vâ gṛhîtvâ gamiṣyâmîti | tatsamîpam gatena tena mṛgo 'pi na dṛṣṭaḥ | tataḥ khidyan kevalaṁ dhanurvâgurâm ca gṛhîtvâ lubdhakaḥ kṣutpîḍitaḥ svagṛhaṁ gataḥ | mantharahiraṇyakalaghupatanakacitrâṅgâs sarve militvâ mantharasthânam upagamyâtithyaṁ kṛtvânantaram anyonyam âpṛcchya nijasthânâni jagmuḥ | putramitrakulatrâdibhiḥ parivâraiḥ saha yathâsukhaṁ nijarâjyaṁ kṛtavantaḥ | lubdhako 'pi kṣutpipâsâturân bhâryâsutân dṛṣtvâ niḥcvasyâcintayat |

yad abhâvi na tad bhâvi yad bhâvi na tad anyatheti cintâ-
viṣaghno 'yam agadaḥ kiṁ na pîyate | 86ᵃ

yad dhâtrâ nijaphâlapaṭṭalikhitaṁ stokaṁ mahad vâ dhanam
tat prâpnoti marusthale 'pi nitarâṁ merau tato nâdhikam |

---

1 na fehlt in D. 3 D. atiṣṭhat st. tiṣṭhatu 4 D. karoti 5 D. vor mṛta ein ca — jñâtvâ fehlt in G. 6 D. kacha[pa]pâçabandhaṁ 8 G. tathaiva st. tadaiva. 12 mṛgaṁ bis cintayan incl. fehlt in D. 14 hradasamîpe ni° fehlt in D. dafür skandhe vahan — manda° upa° fehlt in G. — G. mṛgasamî° st. patita° 20 dûram fehlt in D. — nirviṇṇo fehlt in G. 23 lubdha° kṣut° sva° fehlt in D. 24 manthara° bis militvâ incl. (l. 24).

tad dhîro bhavavittavat sukṛpaṇâvṛthâm âkṛthâḥ |
kûpe paçya payonidhâv api ghaṭo gṛhṇâti tulyaṁ jalam ‖ 87

ity âlocya paraṁ mṛgavadhârthaṁ na gacchâmîti vyâdhena cintyamâne sati tasya pûrvasuhṛt kaçcid dharmamatir nâma puruṣaḥ svakâryavaçât tadgṛhaṁ samâyâtaḥ | prâyaç ca sarvaṁ vṛttântaṁ tasmai akathayat | sa ca tadvacanam âkarṇya vayasya vicâro mâstu | tvatsakalakâryam aham anutiṣṭhâmi mâ bhaiṣîr ity uktavân | tadvacanam aṅgîkṛtya cireṇa lubdhako bahupuṇyaṁ kṛtavân nijamitrasahacaryât | grâmasthasyâpi dharmabuddhir utpannâ | tâv ubhau sukhena tiṣṭhataḥ |

iti suhṛdlâbho nâma dvitîyatantraṁ samâptam ‖

Athedânîṁ sandhivigrahâkhyânaṁ tṛtîyatantram ârabhyate | asyâyam âdyaçlokaḥ |

na viçvaset pûrvavirodhitasya
çatroç ca mitratvam upâgatasya |
dagdhâṁ guhâṁ paçya divândhapûrṇâm
kâkopanîtena hutâçanena ‖ 1

râjaputrâ ûcuḥ | katham etat | viṣṇuçarmâha |
asti kasmiṁçcid vanoddeçe mahân nyagrodhaḥ | sa ca

âçrayas sarvabhûtânâṁ nivâsas sarvapakṣiṇâm |
dadhâti sadṛçaṁ bhâvam saṁcalasya payomucaḥ ‖ 2

tatrânekavâyasakulaparivṛto meghavarṇo nâma vâyasarâjaḥ prativasati sma | tatra ca nâtidûra ulûkasahasraparivṛto 'rimardano nâmolûkarâjaç çalmalitarukoṭare prativasati sma | athaikadâ sahajavairânubandhena kâkânâṁ niçi darçanaṁ nâstîti matvâ râtrâv âgatya sakalakâkakulam ulûkair vyakulîkṛtaṁ vyâpâditaṁ ca | meghavarṇaç ca kathaṁ kathaṁcit taruvivaram

---

3 paraṁ fehlt in G. — na fehlt in D. 5 D. st. prâyaç ca: âgatya cintamanaç ca — G. tais tair st. tasmai 7 G. °kâryasya st. kâryam. 13 Athedânîṁ bis °çlokaḥ (L. 14) fehlt in D. 16 D. çatrau st. çatroç 17 D. niçâ bhṛçâṁ hi st. divândhapûrṇâm 18 D. kâkapraṇi° st. kakopa° 20 asti fehlt in D. — G. kaçcid st. kasmiṁçcid — sa ca fehlt in D. 22 D. dadâti st. dadhâti 23 G. tatra câne° 24 ca fehlt in G. — D. kauçikarâjaḥ st. ulûka° 25 çalma° fehlt in D. — D. tatrai° st. athai° 26 matvâ fehlt in D. 27 G. kâkakulaṁ sakalam ulûkair st. sakala° ulûkakulair 28 D. °katham (ein Mal) — °vivaram fehlt in D.

âçrityâtmânaṁ rakṣitavân | anyedyuḥ kathaṁ katham api jîvitaiḥ koṭaram upagatair mantribhiḥ saha meghavarṇo mantrayitum upakrântaḥ | tasyânvayaparaṁparâgatâḥ pañca mantriṇas santy uddîpitaḥ saṁdîpitaḥ prodîpita âdîpitaç cirajîvî ceti | sa ca tân âhûyâbravît | yuṣmanmantraparirakṣitaṁ me râjyam | idânîm atyâhitam âpatitaṁ vartate | atra kim ucitam iti | tatra prathamam uddîpita âha | îdṛçena balavatâbhiyuktasya balavad âçrayo vâ deçântaragamanaṁ vâ tadanupaveço veti nîtiçâstrakârair uktam iti | tacchrutvâ saṁdîpitam âha | kiṁ bhavân manyate | sa caivam âha | yad anenoktaṁ tatra pakṣadvaye 'pi sthânatyâgo 'sti | sa ca sahasâ na yukta eva | yataḥ |

sthâna eva sthitaḥ sarvaḥ karoti svocitâṁ kriyâm |
tathâbhirakṣati kṣîraṁ sahajanmaiva gostanaḥ ‖ 3
sthânasthasyâpramattasya râjño na syât kathaṁ jayaḥ |
çvâpi sthânabalâd eva jayaty âgantukân bahûn ‖ 4

tasmâd drutagatâgatâdinâ kâlo nîyatâm | tato jñâtabalâḥ santa upâyam ekam anugamyânuṣṭhâsyâmaḥ | etacchrutvâ prodîpitaṁ pṛṣṭavân | bhavân kiṁ manyate | so 'bravît | bâlavṛddhastrîbhir bhârâdinâsañjya gantum acakyatvât sandhânam evârhati bhavan | balavatâ sandhiḥ çreyân | samyak sandhiṁ kṛtvehaiva sthîyatâm iti | tacchrutvâdîpitaṁ pṛṣṭavân | bhavataḥ kim anumatam iti | sa câha | te divândhâ vayam râtryandhâḥ | tat kathaṁ dûtadarçanaṁ kathaṁ sandhiḥ | atas tai râtrâv âgatyâvasathaṁ dagdham | vayam api divâ gatvâ divândhân vyâpâdayâmaḥ | kiṁ sandhikâryeṇa | çaṁsyapratiçâṁ kuryât | uktaṁ ca |

durjanânâṁ pratikâraḥ prahâraḥ parikîrtyate |
mano balaṁ praçastaṁ hi na çarîrabalaṁ nṛṇâm ‖ 5

---

1 D. anyakathaṁcij st. anyedyuḥ kathaṁ katham api — G. jîvitakoṭim upagatair 3 G. tasya cânvaya° 4 D. tiṣṭhanti st. santi — G. hat tatra ca vor uddîpitaḥ 6 G. âpâditaṁ st. âpatitaṁ 7 prathamam fehlt in D. — G. °tâ° yuktasya 8 G. 'pi st. vâ — G. deçagama° — vâ nach °gamanaṁ fehlt in D. — G. °veço vânyan nâstîti 9 G. nach °chrutvâ tadântaram 10 D. sa câbravît st. sa caivam âha 11 G. yuktam — eva fehlt in D. — G. yataḥ eva st. yataḥ | 16 druta° fehlt in D. 18 bhavân kiṁ ma° fehlt in D. 20 D. balavatâ ca saha sandhir eva kartavyaḥ — D. vor samyak: sarvaçreyase — D. ity avadhâryâdîpîtam âha 21 iti fehlt in G. 22 ca fehlt in G. — vayaṁ râ° fehlt in D. — tat bis sandhiḥ (l. 23) fehlt in G. 23 D. hat nach âgatya: adyaḥ patanaṁ dattaṁ (?). sodann fehlt alles in D. bis p. 451 l. 9 tathâpi.

tasmâd asmâkaṁ teṣâṁ ca parivârasaṁkhyâ samâ | kiṁ tu | manasi yair yaṁ sampâdya daṇḍopâyaḥ prayoktavyaḥ |

nâbhiṣeko na saṁskâras siṁhasya kriyate vane |
vikramârjitasattvasya svata eva mṛgendratâ || 6

evaṁ ca nṛpâṇâṁ jîrṇânâṁ matam avadhârya sa râjâ bahuvṛttântadarçinaṁ ciraṁjîvinam âha | tâta tvadbuddhivijitaṁ râjyam asmatkulopabhojyam | tat samprati prâptam upadiçyatâm | ciraṁjîvy âha | kim ebhir noktaṁ nâsti | tathâpi kiṁcid ucyatâm | deva yady apy amî paramaviçvâsabhûtâḥ tathâpi 'mantro 'tîva nibhṛtam ucyate |

mantrabîjam idaṁ pakvaṁ rakṣaṇîyaṁ prayatnataḥ |
manâg api na bhidyate bhinnam etan na rohati || 7

âptaparaṁparayâ mantro bhidyate | yasyâptas tasya câpto 'nyas tasyâpto 'nyo 'sti kaçcana | suguptam api mantram bhinatty âtmaparaṁparâ | tathâ ca vivikte ciraṁjîvî paraparâjño râjño vijñâpayâm âsa | svâmin anta[rakaksaṁ praviçya] tatratyân protsârya tvayâ sthâtavyam | vayam api mantreṇâgamiṣyâmaḥ | tathaiva râjñânuṣṭhite ciraṁjîviprabhṛtayas tatra gatvâ tasthuḥ | tatra râjânujñayâ ciraṁjîvy âha | deva nîtiçâstrajñâ varṇayanti | sandhivigrahayânâsanadvaidhîbhâvasamâçrayâḥ ṣaḍguṇâḥ karmaṇâm ârambhopâyâḥ | puruṣadravyasampattir deçakâlavibhâgo vipatteç ca pratîkâraḥ kâryasiddhiç ceti pañcâṅgo nayaḥ | sâmadânabhedadaṇḍâç catvâra upâyâḥ | prabhuçaktir mantraçaktir utsâhaçaktir iti çaktitrayam | sarvam idam alocya yad ucitaṁ tad anuṣṭhîyatâm | tatrâsmâkaṁ tâvad yuddhasâmarthyaṁ nâsti | na ca yuddhakâlo 'yam | sarvathâ te balavantaḥ | tatas tais saha na yuddham asmâkaṁ yujyate |

jñâtvâtmaparaçaktiṁ ca deçakâlau viçârya ca |
bakavad vâ vaset tûṣṇîṁ siṁhavad vâ samutpatet || 8
pareṣâm âtmanaç caiva yo vicârya balâbalam |
kâryâṇyottiṣṭhate mohâd âpadas tam upâsate || 9

---

9 D. kim st. kiṁcid 10 'tîva fehlt in D. 11 G. st. pakvaṁ: râjyam 13 D. mantrito st. mantro — D. âptasyâsyâpi tasyâptas tasyâpy asti kaçcana 16 svâmin bis varṇayanti (l. 19) fehlt in D. 22 G. st. vipatteç ca: vinipâta° — G. °siddhir iti — pañcâṅgo — G. mantraḥ st. nayaḥ 23 D. prabhumantrotsâhaçaktitrayam 25 tatra fehlt in D. 26 tatas fehlt in D. 27 D. asti st. yujyate 28 D. jñâtvâ svapa° 31 D. kâryârthî st. kâryâyo°.

çântayaty eva tejâṁsi dûrastho 'py unnato ripuḥ |
sâyudho 'pi nikṛṣṭâtmâ kim âsannaḥ kariṣyati ‖ 10
kṣamâvantam arim prâptam kâle vikramasevinam |
parâtmaguṇadoṣajñam anusmṛtya na vismaret ‖ 11
tam evâçrayate ca çrîr upâyavidhitoṣitâ |
nirudvignâ hi yatrâste narakagṛhadûṣitâ ‖ 12
mantraprabhâvanîtâ hi narendraçrî bhujaṁgamî |
mantraçaktyaiva badhvâ ca bhogaṁ badhnâti kevalam ‖ 13
na harir na parâmṛṣṭo nâpayâto na nirjitaḥ |
na çakto nâvamantavyo naiko vetti na yodhikaḥ ‖ 14
madâvaliptaiḥ piçunair lubdhaiḥ kâmâtmabhiḥ çaṭhaiḥ |
darpoddhataiḥ krodhaparair daṇḍanîtis sudurvahâ ‖ 15
iyaṁ tv abhinnamaryâdair anutsekaiḥ kṛtâtmabhiḥ |
sarvaṁ samair upâyajñair amûḍhair avadhâryate ‖ 16

tat sarvathâ yuddham atîva niṣiddham | tathâ coktam |

caturaṅgabalaṁ hitvâ koço mantraç ca pûjyate |
koçâd bhartur bhaved bhṛtyo jagan mantreṇa jîvati ‖ 17
yâ hi prâṇaparityâgamûlyenâpi na labhyate |
sâ çrîr nîtimatâṁ veçman anâhûtâpi dhâvati ‖ 18
mantrasya punar âtmâ ca buddhir âyatanaṁ param |
mantramûlaṁ hi vijayaṁ pravadanti manîṣiṇaḥ ‖ 19
gaṇeṣv âdhârabhûteṣu savikasyâpi saṁcayaḥ |
nyastaç câtmâ satâṁ buddhir vibhûtiç ca na vallabhâ ‖ 20

kiṁ paraṁ |

çûras sarve sadâ çuddhâ buddhimanto vijakṣaṇâḥ |
sahâyâḥ syur nṛpatvaṁ hi satsahâya nibaddhitam ‖ 21
na vaṁçapratiçrutiçauryasatguṇân |.
na cekṣate çrîr na vapur na câgamam |
sa eva gûḍhas susahâyavâṁç ca |
tathâha lakṣmîç capalâpi sevate ‖ 22

---

3 D. ripum st. arim 5 G. upâyaparitoṣiṇî 8 G. baddhâste st. badhvâ ca 9 D. bhîrur st. harir 10 D. trastâ st. çakto 12 D. sudurlabhâ st. sudurvahâ 13 D. kriyâtmabhiḥ 15 D. atiniṣi° st. atîva niṣi° 16 D. mantrâç ca — G. yujyate st. pûjyate 17 G. bhṛtyo st. bhartur — G. jîryate st. jîvati 19 G. nîtividâm st. nîtimatâm — Vers 18 in G. umgestellt b a 22 Vers 20 fehlt in D., ebenso Vers 21 27 Verse 22, 23 fehlen in D.

nâsahâyavataḥ kaçcit kâryârambhaḥ pravartate |
antarikṣâbhigamane vipakṣasyaiva pakṣiṇaḥ ‖ 23
parârthe nipuṇâ nîtir âtmârthe nipuṇâ matiḥ
prâpyate susahâyena karṇadhâreṇa naur iva ‖ 24
âyavyâyau yasya susaṁvibhaktau |
channaç ca kâro nibhṛtaç ca mantraḥ |
na câpriyaṁ prâṇiṣu yo bravîti |
sa sâgarântâṁ vasudhâm praçâsti ‖ 25
abhimânavatâṁ puṁsâm âtmasâram ajânatâm |
andhânâm iva dṛçyante patanântâḥ pravṛttayaḥ ‖ 26

deva punar bravîmi | yuddham açreya iti | atha sandhiḥ kriyatâṁ ced ayaṁ câpy açakyo 'rthaḥ sahajavairânubaddhânâm iti | meghavarṇaḥ | tâta katham asmâkam ulûkais saha vairam utpannam | ciraṁjîvy âha |

sucaraṁ vicaraṁ nityaṁ grîṣme sasyam abudhimân |
dvîpicarmaparichanno vâgdoṣâd râsabho hataḥ ‖ 27

râjâ âha | katham etat | so 'bravît |

kathâ 1.

asti kutracid nagare kasyacid rajakasyâtibhâravahanasamarthaḥ kharaḥ | sa tu rajakaḥ kadâcid dvîpicarma sâṁgaṁ sampâdya bhûyas tam adânât | anantaraṁ tricaturaghaṭikâmâtraṁ yâmamâtraṁ vâ gṛhe sthitvâ paçcâd dvîpicarma kharaṁ dhârayitvâyaṁ rajako rajvâ taṁ sannahya bhâryâhastasahâyena çirasi nikṣipya vahan parakîyasasye 'vatârya svayam antareṇa gṛham âgataḥ | so 'pi yatheṣṭaṁ parasasyaṁ bhakṣayati | na ko 'py ayam vyâghra iti matvâ tadantikaṁ gacchati nivârayati ca | ayaṁ poṣaṇîya iti buddhyaivam eva pratyahaṁ karoti | punaḥ paçcimayâme rajakas tatra gatvâ punas taṁ çirasi nidhâya gṛhe taṁ badhnâti | atha kadâcit sasyarakṣakena dhûsaravarṇakṛtakabalitanutrâṇena dhanus sajjîkṛtya hantukâmena nâtidûre

8 D. sa mâgarântâṁ pṛthivîṁ st. sâga° va° 11 G. atha sandhiḥ kriyate | sa câpy aça° 12 D. ° vairânubandhînâm 13 iti fehlt in G. 14 G. st. 'bravît st. ci° âha. 17 D. meghavarṇa st. râ° â° — D. ciraṁjîvy âha 19 kutracin nagare fehlt in D. — rajakasya bhâra° 20 D. st. sa tu bis âgatah (l. 25): rajakena buddhyâ dvîpicarmaparicchanno râtrau parasasye saṁyuktaḥ 25 D. na kaçcid dvîpibuddhyâ tadantikam upetya 26 D. sasebhyo vor nivârayati — ayaṁ bis badhnâti (l. 29) fehlt in D. 29 D. kenâpi st. kadâ° — dha° fehlt in D. — balitrayeṇa D.

sthitam | taṁ ca dûre dṛṣṭvâ jâtasaṁçrayaḥ kharaḥ râsabhîyam iti matvâ çabdaṁ kurvâṇo 'dhâvat | sasyarakṣako 'pi çabdaçravanâd gardabho 'yam iti jñâtvâ tat samîpam âgatya vyâghracarmâpasârya taṁ vyapâditavân | ato 'ham bravîmi | suciraṁ viciraṁ nityam iti | evaṁ bhavatâm api vâgdoṣâd vairaṁ jâtam tathâ hi |

ekadâ pakṣiṇâṁ râjyavivâde râjyâbhiṣekârthaṁ sarvapakṣibhir mantrayitvôlûkas samprasâditaḥ | tataḥ sarvâbhiṣekasambhârasamaye vṛddhakâka ekaḥ samâgataḥ | sa ca sarvair mantrakâraṇasamaye vṛddhapakṣibhiḥ praviṣṭaḥ | sa âha | kathaṁ bhavadbhir divândhasyedṛçarûpasyâpy apadeçasya râjyam abhyupagamyate |

svabhâvakopam atyugraṁ krûram atyugradarçanam |
ulûkam abhiṣicyaiva kathaṁ siddhir bhaviṣyati ‖ 28

uktaṁ ca |

vyapadeçena siddhis syâd asaty api narâdhipe |
çaçino vyapadeçena çaçakâs sukham edhate ‖ 29

pakṣiṇa ûcuḥ | katham etat | kâka âha |

kathâ 2.

kadâcid dvâdaçavârṣikâyâm anâvṛṣṭyâm tṛṣârto gajayûtho yûthapatim âha | nâtha ko 'sty upâya asmâkam | asty atra kṣudrajantûnâṁ nimajjanasahaṁ payaḥ tîvrâṁçukair abhinnânâṁ kariṇâṁ ca durlabham | tato yûthapatinâ vegavanto dhâvanto nitarâṁ pratidiçaṁ dûtâḥ preṣitâḥ | tatra caikenâgatya kathitam | deva nâtidûre vyomaikadeçam iva mahaccandrasaro nâma saras tiṣṭhati | tacchrutvâ hastirâjo 'pi sarvân gṛhîtvâ satvaraṁ saharṣaṁ calitaḥ | gacchatâ mahatâ yûthena sarastîre vitatapâdapâ-

---

1 D. avasthi° st. nâ °sthi° — D. jâtabalaḥ — D. râsabho 'yam — G. buddhyâ st. matvâ 2 D. sasyarakṣakeṇa ca° . . . jñâtvâ viçikhena vyâpâditaḥ | 4 D. tato 'haṁ 5 D. °doṣâd eva dhautam (?) 8 D. ulûka eka sampradhâritaḥ 9 G. ânîtaḥ st. samâgataḥ 10 D. mantrikâ° — G. vṛddhamantribhiḥ — D. pṛṣṭaḥ | 12 G. °yatâm | 16 G. vyapadeçini 20 G. anâvṛṣṭau — D. gacchan vor gajayûtho 21 G. yûthapam st. °patim — nâtha fehlt in D. 23 D. tu st. ca — D. tarasvino st. vegavantaḥ 24 dûtâḥ fehlt in G. 25 G. nâtha st. deva — mahac fehlt in D. 26 tacchrutvâ fehlt in G. — D. gajarâjo — G. tathaiva vor sarvân — satvaraṁ fehlt in D. 27 D. pathi vor mahatâ — D. yûthapena st. yûthena.

tena çaçakâç çûrṇîkṛtâḥ | anantaraṁ tu çilîmukho nâma çaçakarâjas sarvân âmâtyân gṛhîtvâ mantrayâm âsa | râja âha | gajayûthenânyatra pânîyâbhâvâd atrâgantavyam | tena câgacchatâṁ bahutvân meghavad diço vyâpyante | ataḥ prasarâbhâvad vinaṣṭam matkulam iti | atrântare bahuvṛttântadarçî vijayo nâma çaçakaḥ svâminam idam âha | ayam arthaç çakya eva mayâ yathâtra gajayûtham punar na yâti | tacchrutvâ çilîmukhas saharṣam vijayam âha | tûrṇam anuṣṭhîyatâm |

nîtiçâstrârthatattvajño deçakâlavibhâgavit |
vijayaḥ preṣyate yatra tatra siddhir anuttamâ ‖ 30

vijayo yad âjñâpayati svâmîty uktvâ calitaḥ | tatra ca gajayûthaṁ dṛṣṭvâcintayat | katham asmadîyânâm alpakâyânâṁ hitaṁ kariṣyâmîti | yûthapatiḥ kathaṁ nikaṭe 'bhayaṁ vaktavyaḥ | uktaṁ ca |

spṛçann api gajo hanti jighrann api bhujaṁgamaḥ |
hasann api nṛpo hanti lâlayann api durjanaḥ ‖ 31

ato 'haṁ parvataçikharam adhirûhya hastirâjam abhidadhâmîti | tathaivânuṣṭhîyâbravît | ayi bhavataḥ kalyâṇam astu | hastirâjaḥ provâca |
kas tvam | kuto bhavân | vijayaḥ | dûto 'ham bhagavatâ candreṇa preṣitaḥ | yûthapatiḥ | kâryam ucyatâm | dûta âha |

uditesv api çastreṣu dûto vadati nânyathâ |
te vai yadârthavaktâro na vaddhyâḥ pṛthivîbhujâm ‖ 32

tad ahaṁ devâjñayâ bravîmi |

---

1 tu fehlt in D. 2 râja âha fehlt in D. 4 G. vor ataḥ: tajjalam tu . . . kaṁ bhavati, nach ataḥ: pânîyâbhâvâd asmatparivârasya hânir bhaviṣyati | 5 vijayo fehlt in G. 6 D. vor çaçakaḥ: mantrî — D. tam st. svâ° i° — D. çakya evâyam gajapatinâ gajayûtho nivârayitum | 7 G. idam st. vijayam 8 tû° anu° fehlt in D. 10 D. tat tûrṇam anuṣṭhîyatâm iti vor vijayaḥ | 11 G. hat st. yad bis calitaḥ folgendes: svâminâ . . . . na yogyaḥ | tathâ ca | katham eva mama yuktam | evam uktvâ yajjñâpayati svâmî tadarthaṁ calitaḥ — ca fehlt in D. 12 alpakâyânâm fehlt in D. 13 G. bhaviṣyati st. kari° 15 D. âhûya st. 'bhayaṁ 16 G. iva st api — G. mânayan st. lâla° 17 D. api kathayâmi st. abhida° — D. parvataçikharam adhiṣṭhâya yûthapatim abra° 18 G. api ca st. ayi — hasti° pro° fehlt in D. 19 G. sa âha st. vijayaḥ 20 G. sa âha st. yûthapatiḥ 21 D. kiṁ vor kâryam — D. vijayaḥ st. dûta âha 22 G. udyateṣu st. uditeṣu 23 te bis °jñâm fehlt in D.

pareṣâm âtmanaç caiva yo vicârya balâbalam |
kâryâyottiṣṭhate mohâd âpadas tam upâsate ‖ 33

râjâ candrasarasy avatiṣṭhati | tatrâgatya svayam eva candraṁ saṁvijñâpya gamyatâm | hastirâjaḥ | evam astu | tato dûtena pradoṣe nîtvâ candrasarasi candrabimbaṁ darçitam | so 'bravît | sa tu candraç candrasarorakṣaṇârthaṁ mâṁ preṣitavân | etad anenoktam | rakṣaṇîyâç çaçakâ asmadîyâ maccharîraprâyâḥ | ata eva vayaṁ çaçaṅka iti prasiddhâḥ | evaṁ vadati dûte yûthapatiḥ sabhayam âha | idam ajñânât kṛtam | kṣamyatâm | punar nâgacchâmîty uktvâ praṇamya gataḥ | ato 'haṁ bravîmi | vyapadeçeneveti | ato 'yaṁ vyapadeçaḥ kṣudrâtmâ na çaktaḥ prajâḥ pâlayitum |

kṣudram arthapatiṁ prâpya kasmâd vivadatos sukham |
ubhâv api kṣayaṁ yâtau yathâ çaçakapiṅgalau ‖ 34

vihaṁgâ ûcuḥ | katham etat | so 'bravît |

kathâ 3.

ahaṁ purâ vṛkṣaikadeçe nyavasam | tatrâdhaḥ koṭarasthena piṅgalanâmnâ kapiñjalena vihaṁgena saha snehena sthitaḥ | atha kadâcit kapiñjalaḥ sâyantanasamaye 'pi nâyâti | tato 'ham udvignas sarvâ diçaḥ paçyan tiṣṭhâmi | anantaraṁ tasya vâyasakoṭare dîrghakarṇo nâma çaçako nivâryamâṇo 'py âgatya praviṣṭaḥ | sa tatra kiyantaṁ kâlaṁ yâvat tiṣṭhati tâvat sa kapiñjalaḥ samâyâtaḥ | tenoktam | madîyam idam sthânam | apasarpyatâm iti | dîrghakarṇaḥ | mûḍha upasthânayogyâny avasathâni sthânâni |

vâpîkûpataḍâgânâṁ gṛhasyâvasathasya ca |
samîpyât prâyaças siddhir ity evaṁ manur abravît ‖ 35

---

3 râjâ bis sa tu (l. 6) fehlt in D. 6 G. ca st. tu — D. fehlt candra° 7 D. tenaivam uktaṁ ca | 8 D. çaçâs te st. ça° — D. aham st. vayam 9 G. idam vor âha — D. idânîm ajñânâd âtrâgatam — D. nivṛtya gacchâ°, ksamyatâm | punar na fehlt 10 gataḥ fehlt in D. 12 G. nach pâlayitum | api ca | 15 D. kâkaḥ st. so 'bravît 17 G. aham kasmiṁçcit — D. vasâmi st. nya° — adhaḥ fehlt in D. 18 piṅga° fehlt in G. — kapiñjalena fehlt in D. — D. nach °nâmnâ: kenacid 19 atha fehlt in D. 20 D. sâyaṁkâlasamaye 'pi nâyâtâḥ | 21 G. niṣidhyamâno st. nivârya° 22 sa fehlt in G. 23 D. bhavân anyataḥ pavanatâm (?) st. apa° — G. sa âha st. dîrgha° 24 D. upasthânasthabhagyâny âvâsasthânâni.

tathâpi vyavahârikâḥ praṣṭavyâ ity uktvâ calitau | aham api kautûhalâd eva tayor anvagamam | tato nâdîtîraṁ gate kapiñjalenoktam | kaḥ punar âvayor nyâyadarçî bhaviṣyati | çaçaka âha | yamunâtîravâsî vṛddhamârjâraḥ kaçcid cândrâyanâditapaç caran vasati sa tv asmâkaṁ nyâyadarçî bhaviṣyati | kapiñjalaḥ sa katham âvayor viçvâsanîyaḥ | kṣudrâ hi mârjârajâtiḥ çaçaka âha | kim ukto 'si | kapiñjalaḥ | ubhayor api samo doṣaḥ | ity uktvâ gatau | gatvâ ca dadhikarṇanâmânaṁ taṁ mârjâraṁ praṇamya dîrghakarṇena kathitam | sa âha | vṛddho 'smi | anavekṣyamâṇo dûreṇa na çṛṇomi | tatas tau nikaṭe sthitvâ bhûyo bhûyaḥ kathayataḥ | tathâpi sannidhânârthaṁ tayor viçvâsam utpâdayatâ dharmaçastraṁ dadhikarṇena pratipaṭitam |

dharma eva hato hanti dharmo rakṣati rakṣitaḥ |
tasmâd dharmo na hantavyo vardhayed dharmam eva hi ‖ 36
eka eva suhṛd dharmo nidhane 'py anuyâti yaḥ |
çarîreṇa samaṁ nâçaṁ sarvam anyatra gacchati ‖ 37
andhe tamasi duṣpâre yadi mithyâ vadâmy aham |
ahiṁsâyâḥ paro dharmo na bhûto na bhaviṣyati ‖ 38
mâtṛvat paradârâṇi paradravyâṇi loṣṭavat |
âtmavat sarvabhûtâni yaḥ paçyati sa paçyati ‖ 39

evaṁ vadato viçvâsam atîva nîtau | nikaṭîbhûtâv ekadaiva tena gṛhîtau bhakṣitau ca | ato 'haṁ bravîmi | kṣudram arthapatim prâpyeti | tat sarvathâ nâyaṁ râjyayogya ulûka iti tadvâkyaṁ çrutvâ vihaṁgair âlocitam | sarvaiç ca vṛddhavâyasa eṣa tâvad abhiṣekakriyârha iti yathâyathârthaṁ sarve gatâḥ | atha sâmarṣo vâyasam ulûkaḥ pratyâha | kiṁ tavâpakṛtaṁ mayâ yena râjyam utpannaṁ hataṁ tvayâ |

1 G. tathâ ca — G. °hârikân pṛcchâmîty uktvâ tathaiva 2 D. dûraṁ gate st. ta° nâ° ga° 3 D. dîrghakarṇaḥ st. ça° â° 4 yamunâ° bis kapiñjalaḥ exl. (l. 5) fehlt in G. 6 D. dîrghakarṇaḥ st. ça° â° 7 G. âsanno 'smi st. kim ukto si — D. nîtiprâṇeva(?) st. samo doṣaḥ — D. dîrghakarṇaḥ | kaḥ saṁdehaḥ vor ity u° 8 D. tatra gatvâ dadhi° taṁ mâ° pra° kathayantam dadhikarṇaḥ; G. gatau ga° ca dîrghakarṇena kathitam | sa âha | 9 G. vailakṣaṇyâd st. anave° — G. nikaṭîbhûya 11 bhû° fehlt in G. 12 D. utpâdya 17 D. varteya st. duṣpâre. 21 G. evaṁ tau viçvastau nika° 22 G. gṛhîtvâ st. te° gṛ° — ca fehlt in G. 23 etad G. — D. uktam st. âlo° 24 D. at(r)ocitaṁ ca sarvair guṇair samṛddha eṣâyaṁ vâyasaḥ | tad anenoktam eva sâdhu tad âstâṁ (tâ)vad abhiṣekakriyeti — G. yathâtathaṁ st yathâya° 25 sâmarṣo fehlt in D. 26 G. âha st. pratyâha — G. tâvad st. tava.

saṁrohatîṣuṇâ viddhaṁ vanaṁ paraçunâ hatam |
dagdhaṁ dâvânalenâpi vâkkṣataṁ na prarohati ‖ 40

ato 'yaṁ tadâ prabhṛti kâkolûkayor vairânubandhaḥ | meghavarṇa âha | idânîṁ çîghram eva tvayopâya upadiçyatâṁ yâvan nâbhyeti rajanî | ciraṁjîvy âha | svâminâ sandhivigrahau nirâkṛtau | adhunâ tâvad yânâsanadvaridhîbhâvasamâçrayâ vicâryantâm | tatrâsanaṁ balîyasy atiniṣiddham | sthânasthasyâtmanaç ca vinâçaya | yânaṁ ca sthânaparityâgâya kalpate | dvaidhîbhâvaç ca samâçrayakâlam apekṣate | balîyasi pratyâsanne sati sa vidheyaḥ | ato 'tra samâçraya eva cintyatâm | sa tu çarîravyayenâpi mayâ prayatnâd anuṣṭheyaḥ |

bahavo balavantaç ca kṛtavairâç ca çatravaḥ |
buddhyâ vañcayituṁ çakyâ brâhmaṇaç châgata iva ‖ 41

meghavarṇaḥ | katham etat | ciraṁjîvy âha |

kathâ 4.

asti kasmiṁçcid brâhmaṇaḥ | sa ca yâgârthaṁ châgam ânîya gacchan pathi dhûrtair dṛṣṭaḥ | taiç cintitam | brâhmaṇo 'yaṁ châgaṁ tyajatv iti | tan mantra[yitvâ] tatraikenâgatya tasminn uktam | brâmaṇena kim ayaṁ châgaḥ skandhenohyate | tatas tadvacanam âdṛtyâsau gacchann apareṇâgatya pṛṣṭaḥ | vipra kim arthaṁ châgo gṛhîtaḥ | tam api avamanya vrajati tasmin punar anyaiç câgatya bhâṣitam | aho duçcaritaṁ brâhmaṇasya | katham ayam uttamajâtiḥ kukuraṁ skandhe vahati tato brâhmaṇaç cintayâm âsa |

âtmanaḥ prâṇendriyâṇi kavikalâni sarveṣâṁ sarvadâ yatra dhîḥ |
tatra na bândhanaṁ vicâraṇîyaṁ vidvadbhir janair nityânusâribhiḥ ‖ 42

1 D. dhanâviddhaṁ — G. punaḥ st. vanam 3 ato fehlt in G. 4 âha fehlt in D. — D. idâ° eko 'py upâyaç cintyatâm | 5 D. svâmin st. °nâ 6 D. °grahâ-vapi tâvad atra nirâ° 8 D. svâtmanaç — sthâna vor parityâ° fehlt in D. — kalpate fehlt in G. — von dvaidhîbha° bis anuṣṭheyaḥ in G. eine Lücke 14 G. râjâbravît st. megha° 16 sa ca fehlt in G. — G. yâgârthî — D. âdâya st. ânîya 17 D. mâgadûtair st. dhûrtais 18 D. brâhmaṇachâgas tyajyatâm — D. tan mantrya bis âgatya tasmin fehlt in G. 19 G. brâhmaṇaḥ — idam st. ayaṁ D. und G. — D. taṁ st. tadvacanaṁ 10 G. agacchat — D. so st. asau 21 G. hṛtaḥ st. gṛhîtaḥ — G. tad st. tam — D. sati nach vrajati 22 duçca° fehlt in D. 23 skandhe fehlt in D 25 Vers 42 in G. fehler- und lückenhaft.

ity âlocya châgaṁ tyaktvâ snâtuṁ gataḥ | dhûrtaiç ca châgo gṛhîtvâ bhakṣitaḥ | ato 'haṁ bravîmi | bahavo balavantaç ceti | tad evâtmânaṁ luñcitaçarîraṁ kṛtvâ pûrvahatânâṁ rudhirenâvalipya yûyam apasṛtya ṛṣyamûkaparvatasamîpaṁ gacchata | ahaṁ ca çatrusaṁçrayaṁ kṛtvâ tadvipattaye kâraṇâdikaṁ cintayâmîti | tathâ cânuṣṭhitam | athâstaṁgate bhagavati savitari punaç câgatyârimardakaḥ sasainyo nyaghrodapâdapam ârûhyâsanne vâyasakulaṁ nâpaçyat | tato 'sâv acintayat |

anârambho manuṣyâṇâṁ prathamaṁ buddhilakṣaṇam |
ârabdhasyântagamanaṁ dvitîyaṁ buddhilakṣaṇam ‖ 43

iti vicintya ciraṁjîvinâ çabdaḥ kṛtaḥ | tatas tena çabdenâsau gṛhîtvôlûkair arimardanâya samarpitaḥ | tena câsau pṛṣṭaḥ | kas tvam iti | tenoktam | ahaṁ ciraṁjîvîti | tacchrutvâsau vismitaḥ prâha cainam | tvaṁ tasya pradhâno mantrî | katham idânîm imâṁ daçâm upagato 'si | tena coktam | deva mayâ mantrayatedam abhihitam | yad ayam balavân âmardaḥ praṇamyatâm ity ukte saty ahaṁ çatrupaksapâtîty uktvainâṁ daçâṁ vâyasais tair nîtaḥ | evaṁ çrutvâ sa ulûkapatis svakîyamantrimaṇḍalam âhûya mantrayâm âsa | tatra prathamaṁ raktâkṣanâmânam apṛcchat | kim ucitam iti | sa âha | çatrur ayaṁ prâpto 'vadhyaḥ | tathâ ca |

hînaç çatrur na hantavyo yâvan na balavân bhavet |
sañjâtabalavaksaç ca paççâd bhavati durjayaḥ ‖ 44
kâlo hi sakṛd anveti yo naraṁ kâlakâṅkṣiṇam |
durlabhas sa punas tena kâlaḥ karmacikîrṣayâ ‖ 45

---

1 D. gacchan vor châgam — ca fehlt in G. 2 D. abhihitaḥ st. bhakṣitaḥ 3 st. tad evâ° bis gacchata hat D. folg.: yady ayam ṛṣyaçṛṅgaṁ parvataṁ gatvâvasadyâhaṁ câtmânaṁ luñci° kṛ° pûrvahatâbhyâṁ ru° ava° çatrusamçrayaṁ kṛtvâ | 5 G. gatvâ st. kṛtvâ — G. vipatkâraṇaṁ st. tadvipatta° 6 G. cânuṣṭhitavân st. anuṣṭhitam — G. anantaraṁ st. atha — bhagavati fehlt in D. 7 G. °vṛkṣam st. pâda° — D. ârûḍhavân âsanne fehlt in D. 8 G. so 'pi st. ta° 'sâv 10 D. antagâmi tvam 11 D. cintayitvâ nâdaḥ kṛtaḥ 13 D. anena coktam — D. ca nach °chrutvâ 14 D. idânîṁ katham st. ka° i° 15 G. âha ca st. tena coktam | — deva fehlt in G. — D. mantraḥ st. mayâ man° 16 D. ayaṁ tu ba° praṇa° 17 D. st. ukte saty: ato — D. uktavân st. uktvâ — D. daçâm upagato vâyasais 18 G. ca st. sa — D. svakîyaṁ 19 G. abravît st. mantrayâm âsa — 19 bis 23 fehlt in D. 25 In D. bilden l. 25 und l. 2 p. 460 einen Çloka.

itthaṁ nâtikramas svâmin yathâ te hṛdi vartate |
tad asmin nihate bhûyo bhaved râjyam akaṇṭakam ‖ 46

etacchrutvâ râjâ krûrâkṣam apṛcchat | kiṁ bhavân manyata iti | sa âha | çaraṇâgato na vadhyo 'yam ity etacchrutvâ dîpâkṣam asau pṛṣṭavân | kiṁ bhavân manyata iti | sa âha | na dṛṣṭam idam | çaranâgato 'yam avadhyaḥ | çrûyate hi çaraṇâgataç çatrur apy avadhyaḥ | etad api çrutvâ vakrâkṣam apṛcchat bhavato 'bhihitaṁ kim iti | sa âha | çatrur ayaṁ çaraṇâgataḥ pûjitavyaḥ |

çrûyate hi kapotena çibiç çaraṇam âgataḥ |
pûjitaç ca yathânyâyaṁ svamâṅsaiç caiva tarpitaḥ ‖ 47

tathâ ca |

yâ mamodvejate nityaṁ sâmamâdyopagûhate |
priyakâraṇabhadraṁ te yatra yâsti harasva tat ‖ 48

tataç câreṇoktam |

hartavyaṁ tena paçyâmi kartavyaṁ te bhaviṣyati |
punar apy âgamiṣyâmi yadi yatno 'pagûhate ‖ 49

arimardana âha | kathaṁ caitat | so 'bravît |

kathâ 5.

asti vṛddhaprayâṇas sârdhavâhaḥ | tasya ca taruṇî bhâryâ | sâ taṁ kadâcid api na pariṣvajati | tasya kadâcid vittâpahârî râtrau gṛhe coraḥ praviṣṭaḥ | taṁ dṛṣṭvâ bhayodvignâ bhâryâ taṁ bhartâraṁ svayam alingavatî | tato 'sau sârdhavâhaḥ prahṛṣṭaḥ karaṇam anviṣya coram apaçyat | taṁ câbravît | yâ mamodvejate nityam iti coro 'pi saṁtuṣṭahṛdayas tam âha | hartavyaṁ tena paçyâmîti | tad atra coreṇa paradravyâpahâriṇâpi tasya samarpitaparirambhasya sârthavâhasya çreyaç

---

2 G. bhûyâd st. bhavet, çatrau st. bhûyaḥ 3 D. st. etacchru° iti mantrimaṇḍaloktaṁ çru° — D. bhavân fehlt 4 D. sa fehlt — D. tad api st. etac 5 D. asau fehlt — D. bravîti st. manyate — D. adṛṣṭaḥ çaraṇâgatavadha iti çrûyate st. na dṛṣṭam bis avadhyaḥ (l. 6) 7 api fehlt in D. 8 bhavato bis iti fehlt in G. — D. trâtaḥ st. çatrur ayaṁ 10 st. des V. 47 hat D.: yathânyâyaṁ svair svair mâṅsair iti çrutiḥ 14 l. 15 bis 17 fehlt in G. 22 D. bhayopagatâ st. bhayodvi° 23 taṁ fehlt in G. 24 D. kareṇa st. karaṇam 25 G. sahṛdayas st. saṁtuṣṭahṛ° 26 D. paramadrohiṇâ dhanâpa° st. paradravyâpa° 27 api fehlt in D. — samarpi° sârtha° fehlt in D.

cintitam | anantaram etacchrutvâ râjâ vakranâsanâmânam apṛcchat | kim ucitam iti | so 'py uvâca | avadhyo 'yaṁ çaraṇâgataḥ | yataḥ |

> çatravo 'pi hitâyaiva vivadantaḥ parasparam |
> coreṇa jîvitaṁ dattaṁ râkṣasena tu goyugam ‖ 50

arimardana âha | katham etat | so 'bravît |

kathâ 6.

asti kasyacid brâhmaṇasya pratigrahalabdhaṁ goyugam | taccâpahartuṁ kaçcin mahân câro mahândhakâre râtrâv âgacchat | tatra kenâpi saṁspṛṣṭaḥ | tena ca ko bhavân iti punaḥ pṛṣṭaḥ | tenoktam | bhavân kaḥ | sa âha | brahmarâkṣasa iti | tvaṁ punaḥ ka iti brahmarâkṣasena pṛṣṭaḥ | coro 'ham ity abravît | tena punar api pṛṣṭaḥ | kva gacched bhavân iti | coreṇoktam | brâhmaṇasya goyugam apahartum âgato 'ham | coreṇa ca pṛṣṭo brahmarâkṣasaḥ | aham api tam eva brâhmaṇaṁ gṛhîtum âgata iti | tatas tau dvau brâhmaṇasya gṛhaṁ praviṣṭau | tatra râkṣaso 'py âha | prathamaṁ brâhmaṇaṁ grahiṣyâmîti coreṇoktam | ahaṁ prathamaṁ goyugam apaharâmi | goçabdâd ayaṁ pratibudhyate | mayâ kathaṁ grahîtavyaḥ | bhavatâ gṛ[hî]to 'yam atha kathaṁ kṛtvotthâsyasîty ahaṁpûrvikatayâ parasparaṁ vivadator etâvad eva brâhmanaḥ pratibuddhaḥ tayoḥ kalakalaṁ çrutvâ bhṛtyân utthâpya taiḥ saha sannaddho gṛhân nirgataḥ | taṁ tathâvidham avalokya brahmarâkṣasena nirâçeṇoktam | tava goyugam apahartuṁ cora âgata iti | coreṇâpy uktam | brahmarâkṣaso 'yaṁ tvâṁ gṛhîtum âgata iti |

1 D. fehlt anan° — râjâ fehlt in G. 6 G. râjâ st. arimardana — âha fehlt in D, — D. asâv âha st. so 9 mahân fehlt in D. 11 G. âgacchan bis tatra fehlt in G., st. saṁspṛ° madhye spṛ° 11 D. tathaiva vor teno°, bha° kaḥ fehlt 12 D. kas tvam st. tvaṁ punaḥ ka — D. punaḥ vor pṛṣṭaḥ, brahmara° fehlt 13 G. tena ca, api fehlt — D. gacchasi st. gacchati bha° — coreṇoktam fehlt in G. 14 G. brâhmaṇagoyu° âhartum — D. icchati st. âgato'ham — in G. fehlt coreṇa ca, 'py âha nach brahmarâkṣa° 16 G. pravṛttaḥ st. âgata, iti fehlt — dvau fehlt in G. — D. brâhmaṇam st. brâhmaṇasya gṛhaṁ — râkṣaso 'py fehlt in D., provâca st. âha D. 18 apa — fehlt vor harâmi in G. — goça° bis °sity° (l. 20) fehlt in D. — ahaṁpû° fehlt in G. 21 parasparam, etâvad eva fehlt in G. 22 tayoḥ bis brahma° (l. 24) fehlt in G. 24 nirâçena fehlt in G. 25 api fehlt in G. — brahma° fehlt in G. vor râkṣa°.

tayor vâkyaṁ çrutvâ ca santuṣṭo brâhmaṇo labdhagoyugo tau samânîtavân | anantaraṁ brâhmaṇena tâv upakâriṇâv iti matvâ santuṣṭena visṛṣṭau | ato 'haṁ bravîmi | çatravo 'pi hitâyaiveti | çivir mahâtmâ svamâṅsam api kapotâya dattavân iti çrûyate | tatas tvam api çaraṇâgataṁ hantuṁ nârhasi | anantaraṁ prabhâsakarṇam apṛcchat | so 'py evam eva samarthitavân | atha punas samutthâya raktâkṣo 'bravît | deva | âtmano vinâçaḥ saparivârasya ripurakṣaṇenceti | tathâ ca |

pratyakṣe 'pi kṛte doṣe mûrkhas sântvena kakṣyati |
rathakâraḥ svakâṁ bhâryâṁ sajârâṁ çirasâ vahet ‖ 51

râjâha | katham etat | so 'bravît |

kathâ 7.

asti kasmiṁçcin nagare rathakâraḥ | tasya bhâryâ ṣoḍaçavarṣâ gharṣiṇî padmamukhî nâma | tâṁ jijñâsû rathakâraḥ svakîyaṁ gamanaṁ râjakâryeṇâkathayat | bhâryâ câtisaṁtuṣṭahṛdayâ râtrau jâram ânîya gṛhe sthâpitaḥ | rathakâro 'pi nisṛtya punar adarçîbhutvâ nivṛttya khaṭvâtalaṁ praviçya sthitaḥ | sâ ca nirankuçâ tena jârena rantum upakrântâ | krîḍatyâç ca tasyâḥ pâdatale rathakâro lagnaḥ | sâcâcintayat | nitarâm ayam rathakâro bhaviṣyati | ataḥ kiṁ karomîti | atrântare santuṣṭena jâreṇâbhihitâ | bhadre svabhartari mayi ca kas te priyataraḥ | sâ câha | mûrkhas te vivekaḥ strîsvabhâvâd yauvanadoṣâc ca kadâcid itas tataḥ pravṛttiḥ | bhartâ strîṇâm api devateti smṛtiḥ | tasya vipattau priyâpi varaṁ prâṇâns tyajati | tacchrutvâ ratha-

1 ca fehlt in G. — labdhago° fehlt in D. 2 anantaraṁ bis visṛ° fehlt in D. 4 G. çivînâtmânâ svamâṁsâni kapotârthaṁ 5 G. atas st. tatas — tvam bis raktâkṣo excl. (l. 7) fehlt in D. — D. vor raktâ° tam api. st. bravît: uvâca 7 G. vibhavaḥ st. vinâçaḥ, D. saparichadasyânena kṣaṇena 11 D. kâçyapa vor râjâ — D. râkṣasaḥ kathayati st. so 'bra° 13 D. rathakârasya st. ra° ta° — ṣoḍaça fehlt in D. 14 padmamukhî nâma fehlt in D. 16 G. st. râtrau bis sthâ°: ba . . e . . . mi . . . kaṁ dattvâ râtrâv eva preksitavatî 17 D. adṛṣṭabhûta eva st. adarçî° — nivṛttya fehlt in D. — muñca° st. kaṭvâ° 18 G. st. tena jâreṇa: svayaṁ dûtîṁ preṣayitvâ priyajârakam ânîya yatheṣṭam — krî° ca fehlt in D. 19 D. pade st. pâdatale — ca fehlt in D. — st. nitarâm D. satyaṁ 20 ataḥ bis °romi fehlt in D. — D. jâra atrântareṇâha 21 bhadre fehlt in D. 22 D. sâbravît — °sva° fehlt in D. 23 D. dayitam st. devatâ — G. çrutiḥ st. smṛtiḥ 24 D. apadi st vipattau.

kâro mameyaṁ ativa priyeti matvâ tâm sakhaṭvâṁ sajârâṁ çirasâ dhṛtvâ nṛtyan râjamârge bhramitavân | tasmin avasare 'pi mâm eva smaratîti pauresu tena gaditam | ato 'haṁ bravîmi | pratyakṣe 'pi kṛte doṣa iti bahuvidhokto 'pi râjâ tadvacanam anâdṛtya ciraṁjîvinaṁ gṛhîtvâ svagṛhaṁ gatavân | tatrâgate ciraṁjîvinâ viçvâsârthaṁ vijñâpito raktâkṣaḥ | deva tvadarthe svajâtibhir aham avamânito viḍambitaç ca | tad agniṁ me dâpaya | asmin âtmânaṁ prakṣipâmîti | tasya hṛdayaṁ âkalayituṁ raktâkṣeṇâpy uktam | ciramjîvin maraṇena tava kiṁ sâdhyam | so 'bravît | mṛto 'ham ulûkayoniṁ gatvâ kâkakulam utsâdayiṣyâmi | sa âha | dṛṣṭaṁ na matam etat |

sûryabhartâram âsâdya parjanyamarutaṁ girim |
svayoniṁ mûṣikâ prâptâ yonis tu duratikramâ || 52

ciraṁjîvy âha | katham etat | so 'bravît |

kathâ 8.

asti kaçcid ṛṣiḥ | tasya jâhnavyâm upaspṛçato hastâgre çyenamukhât patitâ mûṣikâ | tâṁ ca tapaḥprabhâvâd divyâṁ kanyâṁ kṛtvâ bhâryâyai pratipâditavân | sâ ca tâṁ svargajâm iva saṁvardhayâm âsa | pariṇayayogyâyâm ṛṣir acintayat | sadṛçapatim eva prati me sâdhyatâm iyaṁ kanyeti |

pitur gṛheṣu yâ kanyâ rajaḥ paçyaty asaṁskṛtâ |
avivâhyâ ca sâ kanyâ dampatî vṛṣaṁ tau gatau || 53
yayor eva samaṁ vittaṁ yayor eva samaṁ çrutam |
vivâhaç ca vivâdaç ca samayor eva çobhate || 54

evam uktvâ ravim âhûyâbravît | strî kriyatâm iyam kanyâ bhavateti | sarvavṛttântadarçî sûryas tam âha | meghâ balavanto nitarâm âchâdayantîti | tacchrutvâ tapaḥprabhâvât saṁvartakam âhûyâbravît | kanyeyaṁ strî kriyatâm iti so 'py uvâca vâyur balâyika ity uktvâ gatavân | tam apy âhûyâbravît | so

---

1 G. iti çrutvâ — mame° bis sajâ° fehlt in D. 2 D. çirasi nidhâya — nṛtyan fehlt in D. — D. tasmin kṣaṇe st. ta° a° 3 'pi fehlt in D. — tena fehlt in G. 4 D. bahûkto — râjâ fehlt in D. 5 svagṛhaṁ fehlt in D. 6 D. ciraṁjîvi vijñâpitavân st. ci — â viçvâ° vijñâ° ra° — deva fehlt in D. 7 sva° fehlt in G. 8 G. tasmin st. asmin — D. taddhṛda° — D. âkalitum 11 D. raktâkṣaḥ st. sa âha 14 so 'bravît fehlt in G. 16 hastâgre fehlt in G. 17 fehlt in G. bis 29.

'bravît | çailâ balatarâ mâ nirodhante | tân apy âhûyâbravît | çailâ âhuḥ | mûṣikâ balavantaḥ | vayaṁ mûṣakaiḥ saṁsaritâḥ | tato mûṣakân âhûyâbravît | tair evam abhihitam | katham asmadvivaraṁ pravakṣyatîti | athâsau tapaḥprabhâvâd mûṣikâkṛtiṁ kṛtvâ mûṣakâya pratipâditavân | ato 'haṁ bravîmi | sûryaṁ bhartâram iti | tato raktâkṣavacanam anâdṛtya râjâ ciraṁjîvinam âçvasyaivam abravît | svecchayâ svagṛhavat sthîyatâm ity uktvâ svakîyân niyogikân nivṛtavân | athâsau teṣâṁ durgâṇyâkalayan svakîyaṁ ca saṁvardhayan kâlena gacchatâdhigataçatrubalavîryadurgadvârâdikaṁ jñâtvâcintayat |

dṛṣṭaḥ sâro balaṁ caivaṁ durgadvâraṁ yathâkṣatam |
adhunâpi mayâ kâle kartavyaḥ sa kṣayo dviṣâm ‖ 55

ity âlocyolûkakulocchedanâya durgadvârakoṭarân karîṣapûrṇân kṛtvâ satvaraṁ meghavarṇasamîpaṁ gataḥ | meghavarṇena sotsukam âliṅgya . . . . . pṛcchyamâno 'bravît | nâyam vârtâkathanakâlaḥ | kâlo 'tikrâmati puṅstve sarva eva yûyaṁ kâṣṭhân gṛhîta | ahaṁ vahniṁ gṛhîtvâ gacchâmi | sahaiva gatvâ çatrubitasthânaṁ dahyatâm | tathaiva kṛtvâ karîṣapûrṇakoṭare vahnir nikṣiptaḥ | tatra sarva eva nirmûlitâḥ | atha meghavarṇaḥ saharṣaṁ ciraṁjîvinaṁ nânâprakâram abhisaṁpûjyaivam âha | tâta kathaṁ çatrubilaṁ praviṣṭaḥ sthito 'si | sa âha |

siddhiṁ prârthayatâ janena viduṣâ tejo nigṛhya svayam
sattvotsâhavatâpi daivavidhiṣu sthairyaṁ samîkṣyaṁ kramât |
devendradraviṇeçvarântakaribhair abhyarcito bhrâtṛbhiḥ |
kiṁ kliṣṭaḥ suciraṁ tridaṇḍam avahac chrîmân sa dharmâtmajaḥ ‖ 56

çaktenâpi satâ janena viduṣâ kâlântarâvekṣaṇâc |
ceṣṭavyaḥ khalu vajrapâtaviṣame kṣudre ca pâpe jane |
darvîvyagrakareṇa dhûmamalinenâyâsitâkṣeṇa kim |
bhîmenâtibalena matsyasadane pûpâ na saṁghaṭṭitâḥ ‖ 57
yadvâ tadvâ viṣamayamitaḥ sâdhu vâgarhitaṁ vâ |
kâlâpekṣî hṛdayanihitaṁ buddhimân karma kuryât |
kiṁ gâṇḍîva svaradguṇasphulanâkruraрâṇiṇâpi |
nâsîl lîlâvilasitagatir mekhalîsavyasâcî ‖ 58
rûpâbhijanasampannau mâdrî putrau guṇânvitau |
goguptikarmavyâpâre virâṭe preṣitâṁ gatau ‖ 59

---

1 bis 2 fehlt G.

rûpeṇâpratimena yauvanaguṇair veçe çubhe janmanâ |
nâyuktâ çrîr iva tayâ vidhivaçât kâlapramâpekṣayâ |
sairandhrîti samîritâ yuvatibhiḥ sâkṣepam âkṣityayâ |
draupadyâ nanu matsyarâjabhuvane ghṛṣṭaṁ ciraṁ candanam || 61

evaṁ mayâ dîrghadarçinâ sthitam | tacchrutvâ meghavarṇa âha | katham asidhâravṛtam ivârisamâgame sthitaṁ bhavatâ | sa âha |

harito 'bhyâgato bhṛtyaḥ çatrau saṁvâsatatparaḥ |
sasarpe vâmadharmattvân nityam udvegadûṣitaḥ || 62
âsane çayane sthâne yâne bhojanavastuṣu |
dṛṣṭâdṛṣṭârthachidreṣu praharanty arayo ripûn || 63
tasmât sarvaprayatnena trivarganilayaṁ buddhaḥ |
âtmânaṁ satatam îkṣet pramâdâd api naçyati || 64
durmantriṇaṁ kam upayânti na nîtidoṣâḥ
saṁtâpayati kam avandhyabhujaṁ nâ rogâḥ |
kiṁ çrîr na darpayati kiṁ nihanti mṛtyuḥ
kaṁ strîsevanâ na paritâpayati | 65
çuṣkendhena vahnir upaiti vṛddhim |
mûrkheṣu kopaç ce tyateṣu doṣâḥ |
kâṁ tâsu kâmo nipuṇeṣu vittam |
dharmo dayâvat sumahat sudhairyam | 66
skandhenâpi vahec chatrûn kâryam âsâdya buddhimân |
mahatâ kṛṣṇasarpeṇa maṇḍûkâ bahavo hatâḥ || 67

meghavarṇaḥ | katham etat | ciraṁjîvy âha |

kathâ 9.

asti kaçcid mandaviṣo ṇâma [sarpas | sa dhṛtiparîtam iv]âtmânaṁ kṛtvâ darçayan sthitaḥ | sa jâlapâdanâmnâ maṇḍûkarâjena duḥkhakâraṇaṁ pṛṣṭa âha | mayâ daivât kasyacid bhûdevasya sûnur daṣṭaḥ | tatpitrâ câhaṁ çaptaḥ | maṇḍûkânâṁ vâhanaṁ bhûtvâ tair dattair açanaṁ bhakṣyeti çâpavaçât svayam âhâraṁ na karomi | evam ukte maṇḍûkarâjaḥ mandaviṣasarpasya pṛṣṭam ârûḍhaḥ | tato mandaviṣo maṇḍûkarâjânujñâṁ labdhvâ pratyahaṁ maṇḍûkabhakṣakena hṛṣṭaḥ pṛṣṭâṅgo babhûva | tataḥ sakalamaṇḍûkakulavyayenâcintayat |

1—33 fehlt in G. 25 das in Klammern gesetzte ist, da sich auch in D. offenbar eine Lücke nach nâma befindet, nach Kosegarten's Text conjicirt.

mastakenohyamâno 'pi ripuṇâ nipuṇo nayaḥ |
na niḥçvasct sa ced vayarato matasya svastijâ tvayi || 68

iti maṇḍûkarâjam abhyabhakṣayat | ato 'haṁ bravîmi | skandheneti | evaṁ mayâ çatravo nirdagdhâḥ |

vane prajvalito vahnir dahan mûlâni rakṣati |
sa mûlam unmûlayati salilaṁ mṛduçîtalam || 69
ṛṇaçeṣaṁ câgniçeṣaṁ vyâdhiçeṣaṁ tathaiva ca |
ariçeṣaṁ ca niḥçeṣaṁ kṛtvâ prâjño na sîdati || 70
kâlînâni na saṁhṛṇoty avahitaḥ chidreṣu jâgarti yaḥ |
tasyaivaṁ caritasya vaçyamanaso haste sthitâḥ saṁpadaḥ || 71
kaḥ kâlaḥ kâni mitrâṇi ko deçaḥ ko vyayâgamaḥ |
kaç câhaṁ kâ ca me çaktir iti cintyaṁ muhur muhuḥ || 72

kiṁ tu me syâd ity evam kâryasiddhâv avahitamanaso nâvasîdanti santaḥ | na hi çâuryam eva paraṁ kâryam sâdhayati | tathâ ca |

çastrair hatâs tu ripavo na hatâ bhavanti |
prajñâhatâs tu hatâ na punar bhavanti |
çastraṁ nihanti puruṣasya çarîram ekam |
prajñâ kulaṁ ca vibhavaṁ ca yaçaç ca hanti || 73
ekaṁ hanyân na vâ hanyâd iṣur mukto dhanuṣmatâ |
buddhir buddhimato hanti dhruvaṁ râṣṭram sarâjakam || 74
sampannasya ca yatnena sarvakâryâṇi sidhyati |
prasarati matiḥ kâryârambhe dṛḍhâ bhavati çrutis |
svayam upanayaty arthân âtmâ na gacchati viplavam |
phalati sakalaṁ vittam cittaṁ samunnatiṁ açnute
bhavati caritaṁ çlâghyaṁ kṛtyaṁ narasya bhaviṣyati || 75

tasyângadhṛtiçauryasampannasya râjyasamṛddhiḥ | uktaṁ ca |

tyâgini çûre viduṣi nṛpe vasati janas sajjano guṇîbhavati
guṇavati dhanaṁ dhanâc chrîs tato jayaḥ syâd tato râjyam || 76

tat sarvadhâ ripuvadhâd nivṛttena niçcintya bhûya anenopasthâtavyam | sarvatrâsâv avahitas san vaktavyaḥ | yady api daivavaiparîtye puruṣakâro nirarthakaḥ | tathâ ca |

1—12 fehlt in G. — vor kiṁ tu etc. hat G.: . . . saṁpattau ko 'nubaddhaḥ | pratihatavacanasyottaram . . . 13 kiṁ tu bis santaḥ (l. 14) fehlt in D., ebenso tathâ ca — V. 73 fehlt in D. 22
23 D. manaḥ st. matiḥ 25 vittam fehlt in G. 26 G. kiṁ na st. narasya
29 G. vijayaḥ st. jayaḥ syâd 30 D. yuktam st. upasthâ° 31 D. sarvadá nihatârâtina 'pi sá vâdhânena bhavitavyam (?) 32 puruṣârthâ vyârthâḥ D.

râmapravrajanaṁ baler niyamanaṁ paṇḍoḥ sutânâṁ vanaṁ |
vṛṣṇînâṁ nidhanam nalasya vipadaṁ bhîṣmasya puṅsaç cyutim |
viṣṇor vâmanatâm tathârjunavadhaṁ saṁcintya laṅkeçvaram |
sarvaṁ daivavaçâd upaiti puruṣaḥ kaḥ kaṁ paritrâyate ‖ 77
çrutena buddhir vyasanena mûrkhatâ madena nârî salilena nimnagâḥ |
niçâçaçâṅkena dhṛtis samâdhitâ nayena câlaṁkriyate narendratâ ‖ 78

tat sarvathâ prâjñâ nyâyena mantribhir mantram anuvartayan râjyasukham anubhavati | iti sandhivigrahâkhyaṁ tṛtîyatantram idam samâptam ‖

Athedânîṁ labdhanâçaṁ nâma caturthatantram ârabhyate | tatrâdyaçlokaḥ |

labdham arthaṁ tu yo mohât saṁcitaṁ pratimuñcati |
sarvathâ vañcito mûḍho jalajaḥ kapinâ yathâ ‖ 1

râjaputrâḥ | katham etat | brâhmaṇo 'bravît |

asti kasmiṁçcit samudratîre balivardhano nâma vânarâdhipatiḥ | sa vṛddhatvâd anyena balîyasâ vânareṇa vanyaphalanimittaṁ kalahavaçât svâçrayân niṣkâsitaḥ | tasmin samudratîre madhugarbho nâmodumbaraçâkhinam âçritya tasya phalair âhâraṁ saṁpâdayan âste | atha kadâcit tasya phalaṁ karân nipatitam ekaṁ jale | tena manoharaḥ çabda utpâditaḥ | tacchrutvâ sahajacâpalâd udumbaraphalâni çrutisukhataraçabdajanakânîti pânîye prakṣipati | atha tatra kukaro nâma çiṁçumâro 'bhigacchaṁs tâny abhakṣayat | tato 'sau madhurâhâralâbhena sthitaḥ | kâlena ca balivardhane sakhyam avâpya snehena tena saha sthitaḥ | atha çiṁçumârabhâryâ virahakliṣṭatanur nijapatiṁ

2 vanam fehlt in D. 3 pûṁstvaṁ D. 10 D. navena st. nayena — mantribhir fehlt in G. 11 D. nayopâyâbhyâṁ vor râjya° — G. °grahaṁ nâma st. °grahâkhyaṁ 14 D. caturthaṁ 14 D. tatrâyam âdya° 15 G. prâptam arthaṁ — D. sacintaṁ 16 G. jalakaḥ 17 G. kathaṁ caitat — D. viṣṇuçarmâ brâhma° 18 D. balivardo 19 D. °dhipaḥ — vṛddhatvâd anyena fehlt in D. 25 D. kṣipati st. pra° — D. nakrâkâro st. kukaro 26 D. phâlâni hinter tâni 27 ca fehlt in D. — D. balivardena ca saha sakhyam abhût | sakhyaṁ snehena tena sthitaḥ.

samâhartuṁ dûtiṁ preṣitavati | tayâ vânarasya sakhyaṁ dṛṣṭvâ satvaraṁ gatvâ tasyai kathitam | dṛṣṭo mayâ vânarayuvatyâ saha krîḍan âste | anantaraṁ çiṁçumâro 'pi cirâd gṛham udumbaraphalâni gṛhîtvâ samâgataḥ | dûrataç ca taṁ dṛṣṭvâ sâ tailâbhyaktaçarîrâ sakhîbhiḥ sevyamânâ sthitâ | tadâ tâṁ dṛṣṭvâ çiṁçumâro 'pi paraṁ viṣâdam agamat | pṛcchati sma | kim idam asyâḥ çarîram imâṁ daçâm upagatam | sa ca kayâcid abhihitaḥ kim adyâpi vinaṣṭo 'yam asyâ açakyo vyâdhiḥ | tacchrutvâ çiṁçumâro 'tîvodvignamanâḥ sakhedam idam âha | majjîvitenâpi yathâ syât pratîkaras tad anuṣṭhîyatâm | tataḥ sakhyoktam | jâpako nâma bhiṣan mantrî câtrânîtaḥ pṛṣṭaç ca | tenoktam | yadi vânarahṛdayaṁ saṁbhavati tadâ jîvayituṁ çakyâ | tatra çiṁçumâraḥ svagatam âlocayati sma | kim idam kaṣṭam âpatitam balivardhanâd anyatra kva me vânarahṛdayaprâptiḥ | tasya ca vadhe mahân dharmavirodha iti kiṁkartavyatâmûḍhaḥ punar apy acintayat | svakalatram eva pradhânaṁ me kiṁ mitraṁ mahadguṇânvitam | tayoḥ svakalatraṁ viçiṣyate | tat paraṁ me mitram eva vyâpâdayâmîti niçcitya nakras tadantikaṁ mandam agamat | taṁ mandagatiṁ dṛṣṭvâ vânareṇoktam | kim are bhavân mandagatiḥ | sa âha | tvayâ sahânekaṁ kâlaṁ maitrîṁ kṛtvâ yad ahaṁ sthitaḥ tava prayojanavaçâl loke prîtiḥ tad anuvartate | tvaṁ tu vânaraçârdûla niṣprayojanavatsalaḥ | so 'bravît | mayâ ta upakâro na kṛtaḥ | pratyuta tvayâ saha prîtyâ râjyabhraṣṭasya me duḥkham apanîtam | tathâ ca |

çokârâtibhayatrâṇaṁ prîtivisrambhabhâjanam |
kena sṛṣṭam idaṁ ratnaṁ mitram ity akṣaradvayam || 2

çiṁçumâra âha | vayasya mama pṛṣṭam âruhya gamyatâm asmatsthânam iti | tathâ tenânuṣṭhite gacchaṁç çiṁçumâro 'cintayat |

svakîyâbhigamayyâ vadhûr mitravinâçinî |
tadarthaṁ dâruṇaṁ karma nindâmi ca karomi ca || 3

kiṁ ca |

---

1 D. vânareṇa st. °sya — tasyai fehlt in G. 2 D. vânaraputreṇâste 3 D. st. cirâd bis gṛhîtvâ: cirâgṛhy udu° gṛ° 4 D. dûrâc ca 7 D. kadâcid st. kayâ° 8 G. asyâ fehlt. 'yam nach açakyo 10 D. te pratîka° 11 G. câtra nîtaḥ — D. fehlt tenoktam 12 D. jîvituṁ çakyâ 13 D. svâgatam 14 G. anyaḥ kva 15 vadhe fehlt in G. 16 D. ekaṁ st. eva — D. eke st. me kiṁ 17 D. viçliṣyate 18 nakra âha D. 21 prîtas tam anu° G. 28 G. sakṛt nach gacchaṁç.

upalanikaṣaḥ svarṇaḥ puruṣo vyavahâranikaṣaç ca |
bhâranikaṣaḥ sthairyaṁ strîṇâṁ tu na vidyate nikaṣaḥ || 4

atha strîkṛte mitravadhaḥ kartavyaḥ | çiṁçumâra evaṁ vadan vânareṇoktam | bhavân kiṁ vetti | na kiṁcid apahnuvâno vânaraç câcintayat | kim atra kâraṇaṁ yena tadgṛhaṁ gacchâmi tad gṛhaṁ gatvâ tatra taṁ vṛttântaṁ vicârya çîghraṁ kenâpy upâyena nirgamiṣyâmîti tûṣṇîṁ sthitavân | punaḥ prajñayâ tadgṛhântargatam âkarṇayâmîti | vayasya sakhî bhadrâ kim | sa âha | tava sakhîyam açakyavyâdhipîḍitâ | he vânara bhiṣanmantrajñâpakân na kiṁcit parihâro 'sti | tathâ ca priyâvipattiduḥkham abhidadhâmi | mayâ pṛṣṭâḥ sakhyo vânarahṛdayâd itareṇa na jîvatîty âhuḥ | tacchrutvâ vânaro hatâsum ivâtmânaṁ manyamâno vyacintayat | kaṣṭaṁ naṣṭo 'smi | ayaṁ çiṁçumâro pâtakî | vane 'py ajitendriyo naṣṭaḥ | uktaṁ ca |

vane 'pi doṣâḥ prabhavanti râgiṇâm |
gṛhe 'pi pañcendriyanigrahas tapaḥ |
anutsite karmaṇi yaḥ pravartate |
nivṛttarâgasya gṛhaṁ tapovanam || 5

ayaṁ tu râgadveṣâdimân ity âlocya çiṁçumâram âha | bhadra mahân pramâdo jâtaḥ | ahaṁ vismṛtya hṛdayam asmadîyasthâne sthâpayitvâhûyâgataḥ | tavâpi vismaraṇam âpatitam yena hṛdayaṁ gṛhîtvâ gaccheti noktavân asi | vânarahṛdayaṁ tu vṛkṣe tiṣṭhati mayâ tu nânîtam | tasmâd gṛhîtvâ çîghram âgamiṣyâmîti |

dharmam arthaṁ ca kâmaṁ ca tritayaṁ yo hi vâñchati |
na gacched riktapâṇir gâṁ brâhmaṇaṁ nṛpatiṁ striyam || 6

etacchrutvâ çiṁçumâra âha | vânarahṛdayaṁ ca sadâ taruṣu vartata iti prasiddham | atas tad gṛhîtvâ gantavyam iti vadan vânareṇa sahaiva gatavân | udumbarasamîpaṁ gatvâ vânara âha | udumbaratarusthitaṁ hṛdayam âneṣyâmîti taruçâkhâgram ârûḍhavân | tatra ca sasaṁbhrameṇa sthitaḥ çiṁçumâraḥ tasya kâlavilaṁbhaṁ dṛṣṭvâ vayasya hṛdayaṁ gṛhîtvâ çîghram âgacchety

---

3 D. fehlt çiṁçumâra bis kim atra kâraṇam (l. 5) 6 D. tadvati taṁ st. tatra taṁ 7 in G. fehlt tûṣṇîṁ bis vayasya (l. 8) 9 in D. fehlt iyaṁ, in G. açakya° 19 bhadra fehlt in D. 21 D. °âhûta — D. âpâditam st. âpati° 22 D. iti st. asi — in G. fehlt vânarahṛ° bis nîtam incl. (l. 23) 26 D. paçyed st. gacched 30 in D. fehlt udumbarasthi° bis °rûḍhavân incl. (l. 31) 32 D. kâle vi°.

uktavân | so 'py âha | are jalajâdhama durâtman vṛthâ mâṁ vâñchasi | kuto vṛkṣe hṛdayaṁ çarîre tiṣṭhati | kâ te 'dyâpi hṛdayaṁ pratyâçâ | vipralambhakatvadîyakapaṭâcaritaṁ sarvaṁ mayâ vijñâtam | gaccha duṣṭa tvam | vṛddhavânaro 'smi nâhaṁ gardabhaḥ |

âgataç ca gataç caiva yo gatvâ punar âgataḥ |
akarṇahṛdayo mûrkhas sadyo mṛtyuvaçaṁ gataḥ || 7

nakra âha | katham etat | so 'bravît |

kathâ 1.

asti kaçcid giriguhâbhramî siṁhaḥ | asya caiko gomâyur anucaraḥ | sa ca siṁhaḥ kadâcit kuṣṭirôgâbhibhûto gomâyum abravît | gardabhahṛdayakarṇavyatirekeṇa jîvitaṁ me nâsti | aṭo me mahatâ yatnena gardabham ânaya | so 'pi svâmyanujñâṁ çirasâ dhṛtvâ nagarasamîpaṁ gatavân | tatra rajakaḥ paṭabhâraṁ râsabhapṛṣṭe nidhâya hradaṁ gatvâ paṭarâçidhautam kârayan âste | gomâyur gardabhaṁ pṛṣṭavân | madhyâhnaparyantaṁ rajakagṛhâṅgaṇe sthitvânantaraṁ paṭavahanakhedam anubhûya punar dhautavasanarâçiṁ dhṛtvâ tadgṛhaṁ pratigantavyam | îdṛçam duḥkhaṁ kim anubhûyate | parvataguhâsamîpe tu çâdvalabâhulyam asti | bhakṣayitvâ sukhena sthâtum ucitam iti vacanacâturyeṇa vañcayitvâ gardabham ânîya siṁhâya samarpitavân | siṁhasya vṛddhatvâd âturatvâc ca gṛhîto 'pi gardabhas tasya sâmarthyât palâyitaḥ | udvignamanâ anantaraṁ siṁho gomâyum ûce | hastaprâpto gardabhaḥ palâyitaḥ | itaḥ paraṁ tadâ gamanopâyaka iti | anucara âha | sajjîbhava svâmin | yena kenâpy upâyena tam âneṣyâmîti | punas tato rajakagṛhasamîpaṁ gataḥ | tadâgârâcire carmarajvâ pade badhyamâna âhârâbhâvât kliṣyan âste | taṁ dṛṣṭvâ gomâyur âha | he râsabha mahatâ duṣkṛtena gardabhatvam âpannaḥ | pâtakino rajakasya bhâraṁ vahan tadgṛhe kim arthaṁ vasasi | kṛṣṇasârâdimṛgâkîrṇamahâvane puṇyanadîtîre puṇyamṛgasahavâsena

1 G. vânaraḥ st. so 'py âha 2 D. cayasi st. vâñchasi — G. atra st. vṛkṣe 3 D. vipralambhaka fehlt — D. âjñâtam st. vi° 8 G. sa st. nakra 10 G. °bhrayaḥ st. bhramî 13 me fehlt in D. — G. und D. ânâya 20 tu fehlt in G. — sthâtum in G. und D. 21 siṁhâya fehlt in G. 23 udvigna° bis palâyitaḥ incl. (l. 23) fehlt in G. 27 G. rajakasamî° 31 D. °kîrṇe mahâvane.

pâpanivṛttir bhavati | janmântare çlâghyajâtir bhaviṣyati | mayâ saha svecchayâ vihârîbhava | tavâtra kim asti | kim artham pratyâgataḥ | daivam eva na dadâti taveti | gardabha âha | siṁhena vyâpâdayitum upakrânto 'haṁ palâyitaḥ | gomâyur âha | na tvayâ viditam | tvâṁ parîkṣituṁ tat kṛtam anena | tvam ahaṁ ca siṁhasyânucarau bhûtvâ tiṣṭhâvaḥ | kim atra bahunâ |

prâg evaṁ nihitaṁ loke trivargam abhikâṁ kṣatâm |
çreyâṁsi bahuvighnâni bhavanti mahatâm api || 8

sa âha | tvayâ sahâgacchâmîti | tenoktam | âgaccha mâ bhaiṣîr ity uktvâ taṁ punar api vañcayitvâ pâdabandhaṁ daçanaiç cittvâhûtavân | mârgântareṇâhûya taṁ siṁhaguhâpârçve sthâpitavân | siṁho 'pi çîghram âgatya taṁ gṛhîtvâ vyâpâditavân vyâpâdya gomâyum âha | tvam eva gardabhakâyaṁ kṣaṇaṁ rakṣa | ahaṁ tu nityakarma kṛtveṣṭadevatâm abhivandya mahauṣadham enaṁ bhakṣayiṣyâmîti gataḥ | siṁhe gate ca mahauṣadham iti matvâ gardabhahṛdayakarṇam api svayam eva bhakṣitavân | âgatya siṁhenoktam | kva karṇahṛdayam asya | gomâyur âha | svâmin kuto 'sya kharasya karṇahṛdayam | yady asya khalu karṇahṛdayaṁ câsti sa kim evaṁvidho bhavati | sa âha katham etat | karṇahṛdayavân kharas | [gomâyuḥ] siṁha | siṁhasya balavân iti mayâ çrutam | tâdṛço na lakṣyate | kiṁ kartuṁ çakyate | tacchrutvâ tûṣṇîṁ sthitaḥ | ato 'haṁ bravîmi | âgataç ca gataç ceti | nâhaṁ gardabhaḥ | tasmâd gaccha | çiṁçumârâdhama tvayâhaṁ pratârayituṁ na çakyaḥ | çakyaç ced gardabho bhavâmi | etacchrutvâ çiṁçumâro labdhavastunâçâd viṣaṇṇahṛdayo bhûtvânantaraṁ svagṛhaṁ prâpya bhâryâm âha | vânaro na labdha iti | uktaṁ ca |

mandabudher manuṣyasya labdhaṁ naçyet pramâdataḥ |
saraghâmûṣikâdînâṁ madhuprîtyâdikaṁ yathâ || 9

evaṁ loke sarvatra sambhavatîti bhâryâm upasâṁtvayitvâ sthitavân | samâptam idam labdhanâçaṁ nâma caturthatantram ||

---

1 D. saṁbhavati st. bha° 11 G. pâçabandhaṁ — D. pâdabandhaṁ daçane dhṛtvâ 12 mârgâ° bis vyâpâditavân (l. 3) fehlt in D. 14 D. gomâyur 16 D. ihaiva st. siṁhe 19 âha fehlt in D. 20 G. yasya st. yady asya 21 gomâyuḥ conjicirt 22 D. api vor balavân — G. labhyate st. lakṣyate 27 D. fehlt anantaraṁ 28 na fehlt in D. 30 G. madhudruhyâ° 31 G. upasântvya 32 D. iti labdhanâçaṁ — D. caturthaṁ — tantram ||.

Athedânîm asaṁprekṣyakâritvaṁ nâma pañcamaṁ tantram ârabhyate | tatrâyam âdyaçlokaḥ |

yo 'rthatattvam avijnâya vaçaṁ krodhasya gacchati |
tathaiva bhraṁçate mûḍho brâhmaṇo nakulâd iva || 1

râjaputrâ ûcuḥ | katham etat | viṣṇuçarmâha |
asti gauḍadeçe devaçarmâ nâma brâhmaṇaḥ | tasya bhâryâ yajñasenâ nâma brâhmaṇî | sâ prâk puṇyavaçâd garbhiṇî jâtâ tâṁ dṛṣṭvâ brâhmaṇaḥ parituṣṭo manorathasahasraṁ kurvan brâhmaṇîm aha | bhadre çâçvataṁ putraṁ janayiṣyati bhavatî yo me kuloddhârakaḥ | brâhmaṇî prâha | na yuktam etat tvayâ manorathâdikaṁ kartum | tathâ ca |

anâgatavatîṁ cintâṁ yo naraḥ kartum icchati |
sa tathâ pâṇḍ(u)raḥ çete somaçarmapitâ yathâ || 2

brâhmaṇa âha | katham etat | sâbravît |

kathâ 1.

asti kasmiṁçcid adhisthâne vidyâbhyâsî brahmacârî brâhmaṇasutaḥ | sa ca mâsaçrâddhe kenacid bhojitaḥ | apareṇâpi tasya çrâddhe saktavo dattâḥ | tâṁç ca ghaṭe nikṣipya kanthayâ prachâdya çunakebhyo gopâyituṁ rajjutantre nidhâya tasyâdhaḥ pradeçe kaṭam adhiçayâno daṇḍapâṇir manorathaçatam akârṣît | mahârgham etaṁ sakturâçiṁ vikrîya chagîṁ kreṣyâmi | sâ caikasmin varṣe dvivâraṁ dvau trîn vâ vatsarân sûte | tasyâç câpatyâni tathaiva | tataç ca kâlântare krameṇa çatasahasrâyutasaṁkhyâkâ bhaviṣyanti | paçcât tân vikrîya gavâṁ sahasraṁ kreṣyâmi | paçcâd bahukâlântareṇa tâsâṁ gavâṁ prabalatarâ balîvarddâ bhaviṣyanti | taiç câhaṁ kṛṣiṁ kṛtvâ bahusasyam utpâdayâmi | gosahasrâṇâṁ ca saṁrakṣaṇârthaṁ gopâlakân bahûn niyujya katipayagosahasrâṇi vikrîya bahudhanaṁ saṁpâdya tena dhanena mahâgṛhaviçeṣân kârayâmi | katipayadhanena bhṛtyân açvân gajâṁç ca sampâdayâmi | tadâ madgṛhadvâraṁ rathagajaturagapadâtisaṁkulaṁ bhaviṣyati | eteṣâṁ

4 G. bhraçyate st. bhraṁçate . 5 G. brâhmaṇa st. viṣṇuçarmâ 9 G. bhaviṣyati st. bhavatî, janayiṣyasi st. °yiṣyati 12 G. anâgatamatau 16 G. kaçcid st. kasmiṁçcid 18 st. tâṁç ca D. tâç ca 19 G. °yantre st. °tantre 20 D. pradeçanikaṭam st. pradeçe kaṭam 21 D. dreṇayâmi st. kreṣyâmi 22 G. vatsân st. vatsarân — vâ fehlt in D. 30 D. mahadgṛhadvâraṁ 31 ratha° fehlt in D.

parâmarçârtham adhikâriṇo nitantrîyujya câhaṁ matsamânakulasthânapauruṣavato brâhmaṇasya kanyâṁ daçavarṣâṁ lâvaṇyasampannâṁ sumuhûrte parineṣyâmi | sâ ca krameṇa yuvatir bhaviṣyati | tasyâ manoharabhûṣaṇapaṭṭavastrâdikaṁ dattvâ tayâ madgṛhaṁ bhûṣayâmi | kadâcicchubhalagna ṛtumatî bhaviṣyati | tasyâṁ mataḥ sulakṣaṇaḥ putro bhaviṣyati | adhikâriṇaç ca kṣîradadhighṛtaghaṭasahasrâṇi gopâlakair ânayiṣyanti | gṛhe pratyahaṁ çântipauṣṭikaçobhanâni brâhmaṇaiḥ kârayiṣyâmi somaçarmanâmnaḥ putrasya navaratnakîlîbhûṣaṇâni dâsyâmi tasya varṣamâtrajâte mama bhâryâ gṛhakarmâsaktâ gavâm âgamanasamaye kṣûdhitam putraṁ kṣîrapânena pîyayitvâ na vicârayasîti tâṁ laguḍenâham udyamya sasaṁbhramaṁ bhrâmayitvâ tâḍayâmîti matvâ manorâjyena sasaṁbhramaṁ laguḍaṁ bhrâmayan saktughaṭam evâcûrṇayat | tato 'sau brâhmaṇaḥ saktudhûllidhûsaritaḥ supnât pratibuddham ivâtmânaṁ manyamânaḥ paraṁ vailakṣyam agamat | ato 'ham bravîmi | anâgatavatîṁ cintâm iti |

tataḥ pûrṇakâle yajñasenâ sulakṣaṇaṁ putraṁ prâsûta atîtadaçame divase çuddhapuṇyâhaṁ brâhmaṇaiḥ kârayitvâ brâhmaṇaḥ sutam aṅkam âropya param anadît | tataḥ kadâcid brahmaṇî sutasaṁrakṣaṇârthaṁ brâhmaṇam avasthâpya sutasya vastrakṣâlanârthaṁ sarastîram agamat | brâhmaṇasya râjagṛhadvârât parvaçrâddha â . . . akaḥ gataḥ | taṁ dṛṣṭvâ brâhmaṇas sahajadâridryapâravaçyâc cintayâm âsa | so 'pi râja . . . ka adya râjamandire 'mâvâçyâpraryuktataṇḍulaçâkâdikaṁ dîyate yeṣâm apekṣâ te çîghram âgacchantv iti | tato devaçarmaṇo brâhmaṇasya tadvacanaçravaṇâd atîva cintâ jâtâ | yadi satvaraṁ na gacchâmi tadâ kaçcid anyo gatvâ taṇḍulaçâkâdikâṁ gṛhṇâti yadi gacchâmi tadâ dârakasya rakṣako nâsti | kiṁ karomîti | atha cirakâlasaṁrakṣitam apatyanirviçeṣaṁ nakulaṁ dârakarakṣaṇe sthâpayitvâ gacchâmîti matvâ tathâ kṛtvâ gataḥ | tato nakulaḥ sutaṁ rakṣan sthitaḥ | paçcâd gṛhavivarân nirgatya kṛṣṇasarpaḥ satvaraṁ dârakasamîpaṁ gataḥ | tato nakulena çîghram abhyetya tuṇḍena sarpaṁ khaṇḍîkṛtya svayaṁ saṁ-

1 G. niyojya st. nitantrîyujya 4 D. °bhûṣaṇasadvastrâ° 6 adhikâ° bis nayiṣyanti (l. 3) fehlt in D. 9 G. navaratnakhacitabhûṣaṇâni 11 D. kṣidbiyute 'nnaṁ st. kṣûdhitaṁ 16 G. anâgatamatau 19 G. atidaçame st. atîtadaçame 22 G. vastranirṇejanârthaṁ 27 yadi fehlt in D. 34 D. uddhṛtya st. abhyetya — svayaṁ fehlt in D.

tuṣṭo brâhmaṇam âyâtaṁ dṛṣṭvâ raktaliptaçarîro 'nke nipatitaḥ tato brâhmaṇo vastreṇa râjadaṅstraṁ taṇḍulam udgaçâkâdikaṁ pṛthak pṛthak sannahya tân granthîn pṛṣṭato lambayitvâ karâbhyâṁ kṣîradadhighṛtapûrṇapâtrâṇi gṛhîtvâ gacchan devaçarmâ raktaliptaçarîraṁ nakulaṁ dṛṣṭvâsâv asamîkṣyakarî hâ hato 'smîty anena bhakṣito mama dâraka ity avicârya yaṣṭim âdâya çirasi nakulam nihatya vyâpâditavân | anantaraṁ brâhmaṇo gṛhântaḥ praviçyâvyaṅgam eva sutaṁ sarpaṁ ca khaṇḍitaṁ dṛṣṭvâ svahṛdayaṁ tâḍayan kiṁ mayâ mandabuddhinâsamîkṣyakâriṇâ kṛtam iti cintâkulitamanâ abhût | brâhmaṇî gṛham âgatya sasaṁbhramaṁ brâhmaṇam apaçyat | sâ ca nakulaṁ vyâpâditaṁ sarpaṁ ca çakalîkṛtaṁ dṛṣṭvâ brâhmaṇam âha | kim idam iti | brâhmaṇas svaṁ vṛttântam âkhyâtavân prekṣyavatî sâ ca khinnamanâ bhûtva muhur muhur brâhmaṇam abhartsayat | buddhyupadeçam api cakâra |

kudṛṣṭaṁ kuparijnâtaṁ kuçrutaṁ kuparîkṣitam |
puruṣeṇa na kartavyaṁ nâpitena yathâ kṛtam || 3

sa âha | katham etat | sâbravît |

kathâ 2.

asti kaçcid vaṇiksuto mṛtasakalajano 'pi svajanavṛddhadâsyâdikaṁ saṁvardhayan sthitaḥ | sa ca dâridraduḥkhakhinnahṛdayaḥ kadâcid âtmânaṁ muhur muhur vini . . . mâna dîrghaṁ niḥçvasya râtrau suptaḥ | tena duritakṣayân naçâvasâne svapno dṛṣṭaḥ | kenâpi siddhapuruṣeṇâgatya râvaṁ kathitaḥ | tvaṁ prabhâte çucir bhûtvâ tiṣṭha | madhyâhnakâle yuṣmadgṛhe bhikṣârthaṁ bhikṣutrayam âgamiṣyati | tallaguḍena tâḍayan tannidhitrayaṁ bhaviṣyati | iti çrutvâ prabuddhaḥ tanniçâçeṣam upaviṣṭo 'nayat | prabhâte ca dhâtrîm âha | gṛhâdikaṁ tûrṇaṁ pavitrîkṛtya prayatâ tiṣṭha | aham api kṣaurâdikaṁ kṛtvâ çucis tiṣṭhâmîti | nâpitam ânîya kṣaurâdikaṁ kṛtavân | anantaraṁ svapnadṛṣṭaṁ bhikṣutrayaṁ bhikṣârtham âgatam | tad dṛṣṭvâ

4 °pûrṇa° fehlt in D. — D. dvijaḥ nach devaçarmâ   5 hâ fehlt in D.   8 G. antaḥ st. gṛhântaḥ   10 G. °kulitamatir   13 kim idam iti fehlt in D. — G. vṛttam st. vṛttântam — D. svabhartreṇa (?) sarvavṛ°   14 muhur muhur fehlt in D. — D. bhartsayati   22 D. ekadâ st. kadâcid   24 G. sravaṁ st. râvaṁ   25 yuṣmadgṛhe fehlt in G.   28 D. avatûrṇâṁ vor gṛhâdikaṁ   30 D. atha st. anantaram   31 D. tân st. tad.

yathopadeçaṁ kṛtavân | tan nidhitrayam abhavat | tad dhâtryâ sahito gṛhe prakṣipya viçvâsârthaṁ nâpitasya dînâraçataṁ dattvâ preṣitavân | nâpito 'pi dṛṣṭvâ vismayâkulitaç cintayâm âsa | mayâpi bhikṣutrayaṁ gṛham âgataṁ laguḍena vyâpâdya nidhitrayaṁ kartavyam ity asau laguḍaṁ gṛhîtvâ sâvadhânas sthitaḥ | anantaraṁ karmavaçâd bhikṣârtham âgataṁ bhikṣutrayaṁ laguḍena vyâpâditam | tasyâkroçena râjapuruṣair âkṛṣya nîtvâ karmânena kṛtam iti nâpito vyâpâditaḥ | ato 'haṁ bravîmi | kudṛṣṭaṁ kuparijñâtam iti | tasmât tvam api tâdṛgvidha eva |

mûḍho naṣṭamatiç caiva dhanahînaç ca yo naraḥ
niryâtaç ceti nâs tasya bhasmany âhûtayo yathâ || 4

tathâ ca |

sahasâ vidadhîta na kriyâm avivekaḥ param âpadâṁ padam |
vṛṇute hi vimṛçya kâriṇaṁ guṇalubdhâḥ svayam eva saṁpadaḥ || 5

samâptam idânîm asaṁprekṣyakâritvaṁ nâma pañcamatantram | iti pancatantrî samâptâ | çrîpâṇḍuragâya namaḥ ||

1 D. yathopadiṣṭam 2 D. nâpita st. °pitasya 4 api fehlt in G.

Inhaltsübersicht der südlichen Recension.[1]

	Seite
Einleitung	399
Erstes Buch. Verfeindung von Freunden	400
Erste Erzählung: Der übergeschäftige Affe	402
Zweite Erzählung: Der Schakal und die Pauke	406
Dritte Erzählung: Drei Missgeschicke aus eigener Schuld	407
Vierte Erzählung: Die Krähen und die Schlange	411
Fünfte Erzählung: Der Kranich und der Krebs	411
Sechste Erzählung: Der Löwe und der Hase	413
Siebente Erzählung: Die Wanze und die Laus	416

[1] Ich benenne die Erzählungen in Uebereinstimmung mit Theodor Benfey, Pañcatantra II, V ff.

Seite
Achte Erzählung: Der Löwe, seine Minister und das Kameel . 420
Neunte Erzählung: Der Strandläufer und der Ocean 423
Zehnte Erzählung: Die unfolgsame Schildkröte 423
Eilfte Erzählung: Die drei Fische 424
Zwölfte Erzählung: Von der Hirtenfrau und ihren zwei Liebhabern 424
Dreizehnte Erzählung: Die Affen und der Vogel Sucimukha . 427
Vierzehnte Erzählung: Dharmabuddhi und Duṣṭabuddhi . . . 428
Fünfzehnte Erzählung: Kranich, Krebs und Ichneumon . . . 430
Sechszehnte Erzählung: Wunder über Wunder 431

Zweites Buch. Erwerbung von Freunden 433
Erste Erzählung: Die Maus und die beiden Mönche 437
Zweite Erzählung: Warum Mutter Sandili enthülste Sesamkörner für unenthülste verkauft 438
Dritte Erzählung: Der allzugierige Schakal 438

Drittes Buch. Frieden und Krieg 453
Erste Erzählung: Der Esel im Tigerfell 457
Zweite Erzählung: Der schlaue Hase 458
Dritte Erzählung: Die Katze als Richter zwischen Sperling und Hase 460
Vierte Erzählung: Ein Brahmane wird um eine Ziege geprellt . 462
Fünfte Erzählung: Die Kaufmannsfrau und der Dieb 464
Sechste Erzählung: Wenn sich die Bösen zanken, kommt's den Guten zu gut 465
Siebente Erzählung: Der Zimmermann und sein treuloses Weib . 466
Achte Erzählung: Die verwandelte Maus soll sich einen Bräutigam wählen 467
Neunte Erzählung: Die Schlange, die sich von den Fröschen reiten lässt 469

Viertes Buch. Verlust von schon Besessenem 471
Erste Erzählung: Der Esel, der weder Herz noch Ohren hat . 471

Fünftes Buch. Handeln ohne sorgfältige Prüfung. 476
Erste Erzählung: Der Projektenmacher (bei Benfey Nr. 9: Der zerbrochene Topf) 476
Zweite Erzählung: Die beiden Mörder 478